M

Hat Ihr Kind D

[redacted]asium, Heirat, 3 Kinder, kam [redacted]enheit durch einen Sohn in die

1969 gründete sie mit ihrem Mann den ersten „Elternkreis drogengefährdeter und abhängiger Jugendlicher", als Beginn einer Elternkreisbewegung in der ganzen Welt. 20 Jahre Basisarbeit mit Familien in der Vorbeugung, der Hilfe und der Nachsorge brachten ihr Erfahrung, fachübergreifendes Wissen und vor allem die Erkenntnis, daß nur die Hilfe zur Selbsthilfe und die gemeinsame Bemühung von Betroffenen, Angehörigen und Fachleuten einen Weg aus der Abhängigkeitserkrankung junger Menschen eröffnen können. In 2 Büchern, zahlreichen Broschüren und Artikeln versucht die Autorin, immer wieder den Wert der Selbsthilfe und der Liebe im Drogenbereich bewußt zu machen. Dieses Buch will die Handlungskompetenz und das Selbstvertrauen betroffener Familien stärken, damit sie sich selber helfen, um ihrem Dorgenkind wieder helfen zu können.

Schriftenreihe
„Hilfe zur Selbsthilfe", Band 12

Hat Ihr Kind Drogenprobleme?

Von Else Meyer

Herausgegeben
von Prof. Heinrich Kratzmeier, Dipl.-Psych.

vfm
Verlag für Medizin Dr. Ewald Fischer · Heidelberg

CIP-Titelaufnahme der Deutschen Bibliothek

Meyer, Else:
Hat Ihr Kind Drogenprobleme? / von Else Meyer. Hrsg. von Heinrich Kratzmeier. – Heidelberg: Verl. für Medizin Fischer, 1988
(Schriftenreihe „Hilfe zur Selbsthilfe"; Bd. 12)
ISBN 3-88463-112-8
NE: GT

Herstellerische Betreuung: Sigrid Anslinger

Verlags-Nr. 8826 · Titel-Nr. 6112 · ISBN 3-88463-112-8

Gesamtherstellung: Heinrich Schreck KG, 6735 Maikammer

Umschlaggestaltung: Erwin Poell, Heidelberg

Inhalt

Statt eines Vorwortes

Menschliches Verhalten wird nicht von Bedingungen diktiert, die der Mensch antrifft, sondern von Entscheidungen, die er selbst trifft.

Victor Frankl

Schlaflose Nächte

Was war nur los mit unserem Jungen, mit *Gerd,* dem gerade 16jährigen? Wie schon in so vielen Nächten der letzten Zeit war ich – kaum endlich eingeschlafen – wieder aufgeschreckt und lag wach. Im Wohnzimmer schlug die Uhr zweimal.

Er sei jetzt in der Pubertät oder Nachpubertät, und das sei nun mal eine schwierige Phase – hatte mein Mann mich noch abends beruhigt. Wir sollten das nicht so hochspielen, sondern diese Zeit einfach durchzustehen versuchen. Das war leichter von ihm gesagt, als von mir getan, denn wenn sein Vater heimkam, war *Gerd* meist schon aus dem Haus. So prüfte Vater nur noch die Uhrzeit, und ob sein Sohn sich auch an die Abmachung hielt, wenn dieser heimkam und gleich auf sein Zimmer ging.

Ich hatte mir unser Leben als Familie eigentlich anders vorgestellt; genau so hatte ich es jedenfalls nicht gewollt!

Wir liebten einander doch. Unsere drei Kinder hatten ein warmes Nest, hatten Eltern, die mit ihnen lebten, die sie in ihr Leben und Erleben, in ihr Planen und Handeln, aber auch in ihre menschliche Fehlerhaftigkeit einbezogen. Wir hatten immer viel miteinander zu reden gehabt, zu flachsen, zu erzählen und seit einigen Jahren – je mehr unsere drei heranwuchsen – auch tiefgründig zu diskutieren.

Nun war alles anders geworden

Hatte es damit zu tun, daß *Gerd* uns nicht mehr in die Augen sah? Oder konnten wir nur nicht mehr in seinen eigenartig undurchsichtig gewordenen, früher doch so beredten Augen lesen?

Heute nachmittag erst hatte er mich wieder angeschrien: ich verstünde ihn überhaupt nicht mehr, hätte von nichts eine Ahnung und solle ihn mit meiner dummen Fragerei – er hatte es härter ausgedrückt – in Ruhe lassen. Dabei hatten mich seine auffallende Blässe, seine irgendwie verkrampft wirkenden Gesichtszüge und Hände, vielleicht aber auch seine stumpfen Augen nur veranlaßt zu fragen, ob ihm nicht gut sei, oder ob es Ärger in der Schule gäbe.

Warum flippte er so aus?

Fast so etwas wie blanker Haß war spürbar geworden und hatte mich zutiefst getroffen. Jetzt, in der dunklen Nacht, wußte ich nur zu gut, wie falsch auch ich wieder einmal reagiert hatte. Wie oft hatte ich mir schon vorgenommen, mich nicht mehr von ihm provozieren, mich nicht wieder in einen dieser Dispute reißen zu lassen, die ich in unserer Familie nie für möglich gehalten hätte. Mir wurde ganz heiß vor Scham und Hilflosigkeit.

Erst unser Jüngster hatte mich mit seinem entsetzten Gesichtchen, seiner Unentschlossenheit, an wen von uns beiden er sich wenden, bei wem er Schutz finden könne, wieder zu Verstand gebracht. Und *Gerd,* der große Bruder, hatte plötzlich Tränen in den Augen, als er hinaus und auf sein Zimmer rannte. Kurz darauf erschien er dann aber, als sei nichts gewesen, zum Mittagstisch, um hinterher mit einer fröhlichen Erklärung zur „Deutsch-AG und Schülerredaktion, Abendessen gemeinsam bei Mc.Donalds" zu verschwinden.

Ist das noch Pubertät oder Nachpubertät, wenn so gar nichts mehr zusammenpaßt?

Da liegt seine über alles geliebte Geige nun schon seit Wochen im Kasten, seine Bücher – er war doch so eine Leseratte – bleiben ebenso unberührt. Wie kann er plötzlich zufrieden sein mit dieser endlosen Schallplattenberieselung, mit ausschließlich einem Rhythmus, einer Stilart, einer – kaum erträglichen – Lautstärke? Was findet er, der vor allem geschichtliche Bücher las und sammelte, nun plötzlich an diesen Comics, den Micky-Maus-Heftchen? Wo sind alle seine Freunde geblieben? Wer sind diese „Typen" oder „Leute", wie er sie nennt, diese *Mikes* und *Berrys* und *Blackys?*

Früher, schon als Kleinkind, war *Gerd* so eigen gewesen, daß er gar nicht oft genug frische Wäsche bekommen konnte. Sehr früh schon achtete er in seiner Kleidung auf passende Farbzusammenstellung und deckte lieber selbst den Tisch, damit er so „schön" aussah, wie er es liebte. Nun nichts mehr von alledem, schmuddelige Klamotten und Theater, wenn ich etwas davon in die Wäsche tat. Seine Mahlzeiten nahm er nur noch notgedrungen am gemeinsamen Tisch ein, stets mit einem Gesicht, als sei es ihm, dem geborenen Feinschmecker, plötzlich völlig gleich, was und wie er aß. Es war ihm sowieso neuerdings alles zu fad.

Solche Veränderungen von Persönlichkeitsmerkmalen konnten doch nicht pubertätsbedingt sein!

Seit fast einem halben Jahr ging das nun und wurde immer gravierender. Ich spürte so richtig, wie mir alles Blut in die Beine sackte, als der Gedanke, daß vielleicht Drogen im Spiel sein könnten, zum ersten Mal in mir aufblitzte.

Drogen? Unser Sohn? In unserer Familie?

Schon wieder schlug im Wohnzimmer die Uhr – alles war still im Haus – mein Mann neben mir schlief. Trotz meiner fast panischen Angst begann ich nun, alle meine Fragen, alle Ungereimtheiten des vergangenen Jahres unter diesem neuen Aspekt neu zu durchdenken.

Was wußte ich eigentlich über Drogen? Als pflichtbewußte Mutter, Mitglied der Elternpflegschaft in den Schulen meiner Kinder, hatte ich alle angebotenen Informationen zum Drogenproblem bekommen und sogar gelesen. Über Drogen, welche es gibt, wie sie heißen, wie sie angewendet werden, welche Wirkungsweisen und welche schädlichen Folgen sie haben, welche „Ursachen" einen Jugendlichen zum Drogenkonsum führen, und wie schwierig es ist, Abhängigkeit wieder zu heilen, ich wußte Bescheid. Ich fühlte mich voll informiert, merkte nun aber, daß ich nie und nirgends etwas gelesen hatte über die Art, wie junge Menschen, Heranwachsende, auf Drogenkonsum reagieren! Nirgends war beschrieben, ob und wie sie in ihrer Grundwesensart, in der natürlichen Fortentwicklung ihrer Persönlichkeitsmerkmale, Anlagen und Begabungen, in ihren Entwicklungstendenzen und einmaligen Besonderheiten gestört oder verändert werden. Wenn mein Sohn Drogen nahm, dann war eine Leberschädigung wohl noch lange nicht zu befürchten, ja nicht einmal eine sogenannte Abhängigkeit, auch wenn die „nur psychische", wie es hieß, unter Umständen sehr schnell entwickelt wird. Aber es ist ja eine „nur psychische", und die erscheint in den Schriften als verhältnismäßig harmlos. Oder ist sie das ebensowenig wie die meist nebenbei erwähnte „Persönlichkeitsveränderung", die „manchmal" eintreten kann? Man muß das wohl erst an einer geliebten Person erleben, um zu begreifen, was es wirklich bedeutet.

Gerd war von klein auf eine so besondere, eine ganz einmalige und ausgeprägte Persönlichkeit. Vielleicht sehen das ja alle Eltern in ihren Kindern so, weil sie eine rosarote Brille aufhaben, wie man sagt. Vielleicht sehen sie sie aber auch so, weil sie sie besser kennen, in der Ganzheit ihres Seins, im Gesamtverlauf ihrer Entwicklung und im Verhältnis zu anderen, ebenso geliebten Personen der ganzen Familie.

Ich muß wohl doch wieder eingeschlafen sein. Als am Morgen der Wecker ging, der Tag mit einem eher freundlichen *Gerd* und ganz normaler Wochentagsroutine begann, behielt ich meine nächtlichen Gedanken erst einmal für mich. Als hätte er etwas gemerkt, als wolle er mir das Gegenteil beweisen, kehrte *Gerd* in den folgenden Tagen seine besten Seiten hervor. Alles schien mir ein Alptraum einer dunklen Nacht gewesen zu sein.

Vielleicht bemühte er sich auch deshalb um gutes Wetter, weil er am Wochenende nicht mit uns ins Wochenendhaus fahren wollte. Unser „Waldhaus", sonst für unsere Kinder und ihre Freunde immer attraktiv, war zu weit weg von dem Open-Air-Festival, das alle seine „Leute" am Samstag besuchten.

Vater baute auf Vertrauen, Eigenverantwortung und klare Abmachungen. Er erlaubte *Gerd,* allein zu Hause zu bleiben. Doch am Sonntag war *Gerd* selbst am späten Vormittag, und auch schließlich am Mittag, telefonisch nicht zu erreichen. Mein Mann wurde unruhig und fuhr schließlich vorzeitig zurück in die Stadt. Dort angekommen, rief er mich in großer Not an: *Gerd* liege wie bewußtlos in seinem Bett, reagiere nicht, sei total blaß und wirke irgendwie beängstigend fremd, wie er da so liege.

In mir überschlugen sich Fragen und Antworten dieser Art, während ich meinen Mann bat, bei *Gerd* den Puls zu fühlen, seine Atmung zu beobachten, ihn auf die Seite zu legen, für frische Luft zu sorgen und dabei ruhig und liebevoll auf ihn einzureden. Meine Panik und meine Angst behielt ich während meiner Heimfahrt erst einmal für mich. Auch solange *Gerd* noch schlief, herrschte die berühmte Ruhe vor dem Sturm. Einige braungrüne Krümel in seiner Jackentasche hatten uns inzwischen Gewißheit gegeben, daß unser Sohn wirklich Drogen nahm. Doch was half uns das? Wir wußten überhaupt nicht, wie es nun weitergehen könnte; wie wir mit dieser neuen Gewißheit umgehen sollten; wie wir ihm, der genau das ja absolut nicht wollte, trotzdem helfen konnten, wieder davon weg zu kommen.

Es dauerte Jahre, Jahre, in denen unser Sohn eine, wenn auch von uns oft unterbrochene, durch diese „clean-Phasen" gebremste Drogenkarriere durchlief. Jahre, in denen wir, seine Familie, miterkrankten, Fehler machten, daraus lernten; in denen wir uns – weil wir Angst um ihn hatten – erpressen ließen, um ihn kämpften, versuchten konsequent zu sein, und doch immer wieder nachgaben, weil wir ihn liebten.

Es waren Jahre, in denen wir von der Angst um ihn und von der Angst vor ihm gelähmt wurden, uns durch Verzweiflungsakte von ihm zu lösen suchten und dadurch erst recht in Verzweiflung gerieten. Solche Jahre schweißen eine Familie zusammen, wenn sie sie nicht auseinandertreiben, und sie sind nur durchzustehen, weil es auch immer einmal wieder gelingt, kurze Zeiten der Drogenabstinenz, Neuanfänge und damit neue Hoffnung aufzubauen, und zwar aus der Liebe zueinander.

Es waren Jahre, in denen wir uns in uns selbst zurückzogen, uns isolierten und isoliert wurden, aber in denen wir auch immer wieder aufbrachen, um Hilfe zu suchen – für unseren Sohn und uns.

Wir stießen auf Wände von Unverständnis, Vorurteilen und Verurteilungen, Wände von Hilflosigkeit, Inkompetenz und Unfähigkeit, aber wir fanden doch auch immer wieder Menschen, die versuchten, ihr Bestes zu tun, die versuchten zu verstehen, mitzutragen und zu helfen. Aber wie?

Ihn „unterbringen"? Ihn ziehen lassen? Ihn vor Schlimmerem bewahren und dafür Drogen in Kauf nehmen?

Wir liebten ihn doch!

Wir liebten ihn doch, auch wenn er es nicht zu fühlen schien und sich heftig dagegen wehrte, weil diese Liebe ja zwischen ihm und seinem Verlangen nach Drogen stand. Uns half es, das zu wissen, und es tröstete uns etwas, denn je mehr er sich gegen uns stellte und uns herausforderte, je mehr er versuchte, uns loszuwerden, um so deutlicher bewies er uns damit gewissermaßen, daß auch in ihm noch Liebe vorhanden war. Diese Liebe zwischen Eltern und ihren Kindern war der Nährboden unserer Mitverantwortungs- und Schuldgefühle, unserer Leiden und Ängste, aber auch all unserer Versuche, ihm bei seiner Selbstfindung und bei der Überwindung der Drogenfaszination zu helfen.

Gerade in den ersten Jahren des Drogenproblems wurde Elternliebe aber sehr in Frage gestellt und als störend, festhaltend, besitzergreifend abgewertet. Der oft unbedachte und ebenso oft aus jugendlicher Lebens- und Liebesunerfahrenheit von meist ja sehr jungen Helfern gemachte Vorwurf an betroffene Eltern, sie hätten zuviel oder nicht genug, dieses eine ihrer Kinder nicht wirklich geliebt, hat viele Eltern ausgerechnet dann tief verletzt, wenn sie endlich Mut faßten, Hilfe zu suchen. Die auf solchen Theorien mangelhaften Liebens aufgebauten Aufforderungen zur „Loslösung" als Therapievoraussetzung mußten für alle Beteiligten nur zusätzliche Probleme mit sich bringen. Man kann Liebe weder messen, noch ausschalten, noch be- oder verurteilen. Liebe kann nicht falsch sein, höchstens die Art, wie sie ausgedrückt wird.

Wir waren ja bereit, unser Erziehungsverhalten als Eltern, unseren Lebensentwurf und unsere Lebenswerte in Frage stellen zu lassen. Wir wollten unsere Fehler einsehen und Fehler vermeiden lernen. Wir konnten die Notwendigkeit einer Trennung auf Zeit, einer Distanz, um neue Einstellungen zueinander zu gewinnen, auch voll annehmen. Wir konnten und wollten aber nicht aufhören, unseren drogenkranken Sohn trotz allem zu lieben und seine nächsten Angehörigen zu sein.

Wer – außer uns – wußte denn, nachdem die Drogenzeit ihn so verändert hatte, wer er wirklich war, sein sollte, sein konnte? Wer hätte denn in ihm, als er „voll drauf" war, noch seine ursprünglichen Begabungen, Anlagen, guten und schlechten Besonderheiten, seine einmalige Persönlichkeit erkennen, ja nur erahnen können? Wer außer uns bemerkte denn überhaupt, daß seine Entwicklungsdefizite, diese Folgen des nicht gelebten, nicht erlebten Lebens schlimmer waren als alle meßbaren Schäden? Nicht das, was er verlor, sondern das, was er nicht mehr gewann, nicht auf-, nicht ausbaute, veränderte seine Persönlichkeitssubstanz, sein Ich am tiefgreifendsten.

Er war gefangen in der Sackgasse der Drogenabhängigkeit, und wir fühlten uns ebenso ausgeliefert und gefangen in dem Gefühl, daß es so nicht weitergehen durfte und anders nicht weitergehen konnte.

Hilfe durch Selbsthilfe

So wurde uns immer deutlicher bewußt, daß weder jemand anderes noch wir selbst unseren Jungen ändern konnten. Es war ein Schlüsselerlebnis, als er nach einer der vielen Auseinandersetzungen in unsere Verzweiflung und unser Leid hineinschrie: „Ja, was glaubt Ihr denn, warum ich erwachsen werden, ‚normal' werden soll? Ihr geht an eurem eigenen Kind kaputt, dann geh' ich doch lieber durch Drogen drauf." – –

Das holte uns heraus aus unserer Sackgasse des Reagierens.

Wir mußten uns ändern, und das war es, was wir auch wirklich ändern konnten. Ergab es sich nicht auch aus all dem, was wir inzwischen erlebt, erfahren, bedacht und gelernt hatten? Unsere ganze Lebenseinstellung war doch inzwischen viel bewußter geworden. Unsere Einstellung zueinander und zu dem, was uns wichtig, wertvoll und sinnvoll erschien, hatte sich sehr gewandelt. Und signalisierte sein Aufschrei, sein Vorwurf nicht auch, wie sehr er von uns die Alternative zu seinem Drogenleben erwartete? Erst, wenn wir uns veränderten, konnte und mußte unser Sohn andere Antworten für uns finden. War er deswegen immer noch aggressiver, noch provozierender geworden? Wollte er endlich „rausgeschmissen" werden, uns loswerden, je mehr wir verstehen, erkennen und ertragen lernten?

Wie erging es den Familien, den Eltern seiner Kumpels? Erlebten sie das gleiche wie wir?
Zu dem Treffen betroffener Eltern – im Herbst 1969 – in Bonn kamen zaghaft, skeptisch, ängstlich und doch auch voller Hoffnung, fast alle Angesprochenen. Wir sahen einander an, gaben uns die Hand – ohne unsere Namen zu nennen – und erlebten sofort etwas ganz Wichtiges: Wir waren alle eigentlich ganz normale Leute – solche, wie sie eben in dieser unserer Stadt leben! Wir hatten alle Söhne und Töchter, die sich normal oder sogar besonders positiv entwickelten, aber auch ein drogenkonsumierendes Kind.

Je mehr wir miteinander ins Gespräch kamen – und das entwickelte sich gleich mit großer Offenheit – um so deutlicher wurde uns etwas ebenso Entscheidendes: wir kamen zwar aus allen sozialen Schichten, mit unterschiedlicher Bildung, aus allen möglichen Berufen, wir unterschieden uns deutlich in Weltanschauung, Religion, Lebens- und Erziehungsstil, aber wir hatten alle bei einem unserer Kinder eine fast identische, vom Zeitpunkt seines Drogenkonsums an geradezu verzweifelt gleichlautende Geschichte zu erzählen!

Nichts hätte uns besser von unseren Schuldgefühlen, von dem Glauben, allein verantwortlich zu sein für das, was unsere Kinder tun und werden, lösen können. Ob eine gute oder schlechte Ehe, geschieden, verwitwet oder alleinerziehend, unser Erziehungsstil und unser Familienleben waren offensichtlich nicht „Ursache", sondern höchstens eine der Bedingungen, einer der Auslöser oder Verstärker des Drogenkonsums unseres Kindes!

Die Gleichheit der Drogengeschichten unserer früher ja doch einmal sehr unterschiedlichen Kinder, die Darstellungen ihrer bis in Details offensichtlich drogentypischen Verhaltensweisen, ihrer drogengeprägten Mimik, Gestik, Argumentation, ihrer so übereinstimmenden „neuen

Lebensentwürfe" mit Verachtung von Schule, Leistung, Werten und Normalmenschen, die Schilderungen von ihren wachsenden Spannungen zwischen durch Drogen gesteigerter Sensibilität und durch Drogenauswirkung gesunkener Fähigkeit, darauf auch sinnvoll zu reagieren.....

Wir brauchten viele Abende, um all diese Symptome des Drogenkonsums, die wir bisher mehr oder weniger als Reaktionen auf unser persönliches, familiäres und elterliches Verhalten angesehen hatten, als solche durch Vergleich unseres Erlebens und unserer Erfahrungen zu erkennen.

Der erste Elternkreis drogengefährdeter und -abhängiger Jugendlicher

Der erste Elternkreis hatte mit der Arbeit begonnen. Wie von selbst ergaben sich gemeinsame Fragen an Fachleute, an Wissenschaftler und alle, die sich mit dem Drogenproblem befaßten. Wir luden Referenten ein, schrieben Wissenschaftler an und besuchten – mit neuem Mut und der Rückenstärkung des Elternkreises – Experten, Behörden und Institutionen. Wir wollten mehr wissen, um besser zu verstehen.

Daß wir als „Laien" einen völlig anderen Lernansatz als alle Fachleute hatten, ergab sich schon aus unserer Unvoreingenommenheit allem Fachwissen, allen Fachrichtungen gegenüber. Außerdem kamen wir ja selbst aus allen möglichen Berufen und Ausbildungen. Dadurch stellten wir unsere, aus dem direkten Erleben und Erfahren unseres Lebens mit Abhängigen entstehenden Fragen an *alle* und nicht nur an die sogenannten zuständigen Fachgebiete und Wissenschaften.

Vielleicht wird man später einmal erkennen und anerkennen, daß Liebe zwar anders, aber keineswegs wissenschaftlich weniger ernst zu nehmen, beobachtet, vergleicht und Schlüsse zieht.

Ebenfalls ganz von allein und aus den regelmäßigen Treffen heraus entstand die wichtigste und zu unserer Grundthese gewordene Erfahrung: So „unfähig", so blockiert und voller Angst wir im eigenen Fall auch waren, die Fragen, Probleme und Schwierigkeiten der anderen durchschauten wir leichter. Es war für jeden von uns ein ganz großes Erlebnis, trotz der eigenen Hilflosigkeit anderen sehr wohl Hilfe und Rat geben zu können. Aus der eigenen Betroffenheit und Kenntnis ähnlicher Situationen und Gefühle heraus konnten wir sagen: „Ich an Ihrer Stelle würde das so sehen, so machen, würde so reagieren..." Nichts hat uns mehr und wirksamer geholfen, unsere eigenen Probleme und unsere eigenen Lösungsmöglichkeiten zu erkennen und Mut zur Entscheidung zu gewinnen, als das Erlebnis, anderen Eltern helfen zu können.

Selbsthilfe durch Helfen

Wie gut, daß uns der Fachmann fehlte, dessen Kompetenz wir hätten nutzen, auf dessen Zuständigkeit und Fachwissen wir hätten bauen können. Gerade durch unser Aufeinanderangewiesensein, Füreinandereintretenkönnen, Miteinanderringenmüssen, entdeckten wir das vielleicht wertvollste Hilfsreservoir aller Selbsthilfe: das Helfen!

Ich möchte versuchen, dieses zu erklären: Es ist ganz logisch, daß das Gefühl und die Erfahrung, anderen Hilfe leisten zu können, das eigene, zerbrochene Selbstwertgefühl sehr wirksam heben und sogar heilen kann. Das eigene, bis dahin oft nicht angenommene Erleben- und Erleidenmüssen wird ja unmittelbar als sinnvoll erlebt durch die für das Helfen verwertbaren Erkenntnisse und Erfahrungen, die es mit sich bringt.

Die Bemühungen um Problemlösungsvorschläge für andere – gerade, wenn es sich um fast gleiche Probleme wie die eigenen handelt – verhilft uns außerdem zu einem heilsamen Abstand von uns selbst und dadurch zu mehr Sicht auf Zusammenhänge, Wechselwirkungen und größere Zeiträume auch im eigenen Fall.

Was aber darüber hinaus das vielleicht Hilfreichste einer längeren und regelmäßigen Mitarbeit in einem Elternkreis „ohne fachliche Leitung" ist, das geschieht oft ganz unbewußt und unbemerkt, denn es verhindert Fehlverhalten, bevor es als solches zum Problem wird. Die Elternrunde bemüht sich ja, konkrete Vorschläge durch auf sich selbst bezogene Überlegungen zu machen: „Ich in Ihrer Situation, wir an Ihrer Stelle würden ..." Die Situationen, Geschehnisse und Problemstellungen in vom Drogenkonsum eines ihrer Kinder betroffenen Familien sind – wie schon anfangs aufgezeigt – in geradezu erschreckender Weise gleich. Nur die zeitlichen Verschiebungen durch Drogeneinstieg, Intensität der Einnahme und Art der genommenen Drogen führen zu unterschiedlichen Erlebensphasen der jeweiligen Eltern im Elternkreis. Die gemeinsamen Problemlösungsbemühungen, das Sich-In-den-Anderen-Hineinversetzen bewirkt dadurch in vielfältiger Weise ein Problemtraining im voraus, bevor man die ähnliche Situation selbst erlebt. Das hilft dann zu der von uns allen angestrebten Gelassenheit, die niemand mehr bewundert und anerkennt als unser Drogenkind. Solange ein Drogenexperte, – und das hat gar nichts mit seinem beruflichen oder menschlichen Wert zu tun – im Elternkreis ist, kann dieser Selbsthilfeeffekt nicht zum Tragen kommen.

Eltern erleben das Drogenproblem ganz anders

Experten müssen schematisieren, objektivieren, theoretisieren, müssen systematisch, psychodynamisch, interaktionistisch, somatisch-physiologisch definieren und interpretieren, um wissenschaftlich zu sein.

Liebende Angehörige erleben den Drogen- oder Suchtkranken als Person in seiner Familie, sehen und erfahren ganzheitlich, einmalig, zusammenhängend und alles andere als chronologisch. Darüber hinaus werden Angehörige ganz konkret konfrontiert mit dem ebenso aggressiven wie raffinierten Drogenmarkt, mit Kriminalität, Prostitution und einer keineswegs auf Risikogruppen beschränkten Aidsgefährdung. Eben dadurch wird es für ihr Empfinden nicht erst gefährlich, wenn diese oder jene Droge in dieser oder jener Weise genommen, wenn entsprechende Leberwerte, Befunde oder meßbare Untersuchungsergebnisse und sogenannte zu therapierende Vollbilder vorliegen. Wenn unser Sohn, unsere Tochter beginnt, sich selbst zu verlieren, abzudriften vom ureigensten Persönlichkeits- und Lebensentwurf, wenn ihr jeweiliges Suchtmittel die Steuerung ihrer Entwicklung, ihres Selbst- und Weltverständnisses übernimmt, dann ist für uns – egal welches Mittel in welcher Menge das ist – Hilfe nötig, ist Eingreifen geboten.

„Man kann erst etwas machen, wenn sie selber wollen" hält man uns entgegen, „der Leidensdruck muß höher, der Umstieg auf 'harte' Drogen muß nachzuweisen, Abhängigkeit muß entstanden sein, ehe Hilfe eine Chance hat."

Sie können doch gar nicht mehr wollen

Wir dagegen wissen, daß unsere Kinder schon von einem sehr frühen Zeitpunkt des Drogenkonsums an gar nicht mehr wollen können.

Worauf sollen wir also warten? Es sind schon zu viele gestorben, ehe sie „genug" Leidensdruck hatten, sich helfen zu lassen, und die große Zahl von Altfixern zeigt, daß es bis dahin oft auch sehr lange – zu lange – dauern kann. Nur 10 bis 15% der hilfsbedürftigen Abhängigen suchen Hilfe im Sozialen Netz!

Und die anderen?

Sind sie unmotivierbar, untherapierbar, unheilbar? Im Zusammenhang mit Methadon – Polamidon – oder anderen medikamentengestützten Programmen sind diese Worte sehr oft gefallen. Aber darf man wirklich so vor der Abhängigkeitserkrankung kapitulieren? Darf man von hoffnungslosen Fällen reden, weil eine bestimmte Art von Hilfe, wie es sie nur bei uns gibt, in einer fachlich sehr einseitigen Konzeption, nicht angenommen wird? Es gäbe noch so viele andere Arten von Hilfe anzubieten! Es gäbe noch viele andere kompetente Helfer! Es gäbe noch viele Menschen, die helfen oder wenigstens mithelfen könnten!

Solche Menschen sind zum Beispiel die Eltern, die Angehörigen, die den Suchtkranken trotz allem noch lieben. Sie lieben ihn, wie er früher war, wie er auch jetzt im innersten Kern irgendwo noch ist, und wie er immer noch wieder werden kann.

Solange Liebe die Hoffnung nicht aufgibt

Solange Liebe die Hoffnung nicht aufgibt – und irgendwo spürt das der übersensible Abhängige – solange hat auch der „kaputteste Typ" noch eine Chance, wieder er selbst, wieder frei und selbstverantwortlich zu werden.

Eltern können helfen, denn Eltern können lernen, ihre Angst- und Schuldgefühle und damit ihre Fixierung auf das, was gewesen ist, zu überwinden. Allerdings erst dann werden sie fähig sein, ihre Situation und ihre Betroffenheit anzunehmen, Hoffnung zu schöpfen und Zutrauen aufzubauen zu den eigenen Möglichkeiten und Fähigkeiten. Aus ihrer Demütigung kann so die Demut werden, auch von sich selbst nicht mehr das Unmögliche zu verlangen, sondern beherzt das Mögliche zu tun, auch wenn es nicht sofort wirkt und ihnen vom Abhängigen hier und jetzt eher übel genommen wird.

Eltern können und wollen lernen

Seit 1969 begleitet der Bonner Elternkreis ständig neue, neu betroffene oder erst spät „einsichtig" gewordene Eltern und Angehörige auf diesem Weg des Lernens, der Veränderung, der Selbsthilfe und des Helfens. In der Gemeinschaft ebenso betroffener Mütter, Väter, Großeltern, Geschwister fühlen sich Eltern angenommen und getragen, verstanden und geachtet. Von den wöchentlichen Beratungsstunden, „Eltern helfen Eltern" wurden seit 15 Jahren Aufzeichnungen (ohne Namen) gemacht von den Problemen, Fragen, Klagen und Berichten, die in all den Jahren von Hunderten von Eltern zaghaft, verschämt oder freimütig eingebracht wurden und von den

Versuchen des Elternkreises, sie aufzufangen, zu trösten und behutsam – vielleicht manchmal auch ganz deftig – auf das zu lenken, was sie selber tun können und sollten.

Zulassen, ohne zu akzeptieren

Eigentlich ist dies das erste, was Eltern, die in den Elternkreis kommen, lernen müssen, denn sie kommen ja, weil sie nun wissen, ahnen oder vermuten, daß ihr Kind Drogen nimmt. Zwischen Eltern und Kindern geht nichts – oder doch nur in extremen Notfällen – im „Hau-ruck-Verfahren". Aber es geht ebensowenig im „Erst-einmal-weggucken", als wüßte man von nichts.

Tanja W. hatte immer wieder ihr Tagebuch auf dem Tisch ihres Zimmers, am Boden, im Bett (das ihre Mutter ja machen würde) liegen lassen. Frau *W.*, als moderne Mutter, hatte es immer wieder, ohne hineinzusehen, weggeräumt. In ihrer Familie gab es kein „Schnüffeln", man respektierte einander und achtete die persönlichen Freiräume. *Tanja* war außerdem ja eine engagierte Drogengegnerin. Sie hatte eine ganze Sammlung von Antidrogenmaterial, und Antidrogenplakate „schmückten" eine Wand in ihrem Zimmer. Ein Referat zum Drogenproblem hatte ihr eine der wenigen guten Schulnoten des letzten Jahres eingebracht. Sie war aktiv im Sportverein, hatte viele Freundinnen und war bis voriges Jahr ein sehr fröhliches Mädchen. Das stolz herumgereichte Foto zeigte eine bildhübsche 15jährige.

Frau *W.* brauchte einen langen Anlauf, bis sie voller Scham berichtete, schließlich doch, und weil sich das Mädchen so verändert habe, und weil es doch so ausgesehen habe, als würde das Kind sie regelrecht zum Hineinsehen auffordern, die aufgeschlagenen Seiten des Tagebuchs gelesen zu haben. „Sie nimmt wohl Hasch – schon seit Monaten – und ist ganz versessen darauf, in die Clique der Drogenkonsumenten aufgenommen zu werden. Sie hat auch Tabletten, die mein Mann nehmen muß, weggenommen und mit den Freundinnen geteilt. Was haben wir nur falsch gemacht? Warum?" Die Frau ist nur noch ein Häufchen Elend.

Was sollen wir denn machen?

„Was soll ich denn jetzt machen? *Tanja* ist so aggressiv, schreit uns mit so entsetzlichen Ausdrücken an und sieht dabei aus wie ein gehetztes Tier." Frau *Ws.* andere Tochter steht im Abitur und hat einen festen, von den Eltern geschätzten Freund. Ihr Mann ist schwer krank und zieht sich in sich selbst zurück. Er glaubt den Drogenberatern, die ihnen vor einem halben Jahr rieten, erst einmal gar nichts zu tun, viel Langmut, viel Verständnis, viel Liebe zu investieren, der Tochter mehr Freiraum zu geben und zu warten, bis sie aus dieser Phase wieder – wie fast alle – hinauswüchse. „Ich habe aber Angst, weil ich immer mehr spüre, daß sie eher tiefer hineingerät".

Wir alle wissen, wie recht Mütter mit diesem intuitiven Gefühl, mit ihrem Gespür für ihr Kind haben, und wir sagen ihr das auch. Aber Angst ist ein schlechter Ratgeber. Angst sucht nach Auswegen und selten nach Lösungen. Erst eine, dann eine andere Mutter aus dem Kreis berichten, wie auch sie unter dieser Angst gelitten, welche Fehler sie durch Angst und Schuldgefühle gemacht haben und wie erlösend für sie und für ihre Kinder die Erkenntnis war, weder Ursache für deren Drogenkonsum zu sein, noch durch erneutes Fehlverhalten zu vermehrtem Konsum beizutragen. „Auch meine Tochter hat mich durch Liegenlassen von Briefen ihrer Freunde immer wieder zum Lesen provoziert, bis ich schließlich, wie Sie, Frau *W.*, nicht aus Neugier, sondern aus Sorge – und das ist doch eher Erziehungspflicht als Vertrauensmißbrauch – gelesen habe, wie tief sie schon drinsteckte. Ich habe hier gelernt, das ganz offen mit meiner Tochter zu besprechen, mich nicht zu rechtfertigen, sondern ihr zu erklären, warum ich was tue, egal, ob sie das auch gut findet. Sie ist von den Drogen beeinflußt im Denken und Fühlen, wie soll ich erwarten, daß sie mein Denken und Fühlen noch versteht? Meine Tochter hat allerdings keineswegs mit Wut reagiert, wie ich erwartet hatte, sondern eher mit einer gewissen Erlösung. ‚Jetzt weißt Du es also'."

Frau *W.* hat, als sie den anderen zuhörte, ihre Schultern nicht mehr ganz so nach vorn fallen lassen. Sie hat den Kopf gehoben, die anderen angesehen, ihre gleichen Sorgen, Ängste, aber auch ihre Bemühungen erkannt. „Ich kann es ihr einfach sagen, daß ich in ihrem Tagebuch gelesen habe, meinen Sie?", und schaut in die Runde.

„An Ihrer Stelle würde ich noch ein wenig damit warten" meint Frau *E.* „Sie sollten sich erst einmal mehr informieren..." Frau *W.* wehrt spontan ab: „Gehen Sie mir nur weg mit Information. Ich hab' wirklich alles über Drogen gelesen." Sie schiebt die Broschüren, die eine andere Mutter ihr reichen will, energisch weg.

Sinnvolle Information

„Das ist eine andere Art von Information" wird ihr erklärt, „hierin lesen Sie, wie junge Menschen auf Suchtmittel reagieren, wie diese ihr Hirn, ihre Entwicklung und ihre Persönlichkeit beeinflussen und verändern. Wenn Sie besser wissen, warum und wie Ihre Tochter so anders geworden ist, dann erwarten Sie nicht mehr so oft das Falsche von ihr; dann können Sie gelassener reagieren, und vor allem, dann fühlen Sie sich nicht mehr so einem unheimlichen Geschehen ausgeliefert." In den Elternkreisen gibt es Schriften von Eltern für Eltern, die Wissen vermitteln über Zusammenhänge und Wechselwirkungen sowie über typische Veränderungen des Jugendlichen, wenn Drogen im Spiel sind. Frau *W.* greift zögernd danach, blättert durch, liest hier und da einen Satz und fragt dann: „Ich soll also, obwohl ich jetzt weiß, daß sie Drogen nimmt, erst einmal gar nicht mit ihr darüber reden? Gar nichts dagegen tun?" Eine der Mütter, die schon seit vielen Jahren im Elternkreis ist, beruhigt sie: „Sie werden ja etwas tun, nur ist oft das indirekte und langfristig Wirksame besser als die impulsive Sofortreaktion, die nur zu oft" – und alle im Kreis nicken – „zur Überreaktion wird, mit enormer Gefühlsentwicklung, aber ebenso verletzend wie schnell verpufft. Ich würde an Ihrer Stelle einen Zeitpunkt, z. B., kurz bevor Sie oder Ihre Tochter das Haus verlassen müssen, wählen, um ihr freundlich, aber bestimmt mitzuteilen, daß Sie nun Bescheid wissen, daß Sie absolut verstehen können, wenn Ihre Tochter wütend ist, aber daß sie ihr das auch erklären wollen. Jetzt sei ja leider keine Zeit, und die nächsten Tage brauchten Sie noch, um zu lernen, zu lesen, sich mit Informationen auseinanderzusetzen, die Sie sich in einem Kreis betroffener Eltern besorgt hätten. Es ginge Ihnen darum, wirklich und mit Bedacht etwas gegen ihren Drogenkonsum und nicht etwas gegen sie zu tun.

Ich würde mit dem Mädchen dann einen festen Termin ausmachen, wann man sich zusammensetzen und das Problem besprechen wolle."

„Machen Sie es doch wie wir im vorigen Jahr", schlug eine bis dahin stille Mutter vor, „legen Sie das, was Sie jetzt von hier an Unterlagen bekommen, zu Hause so hin, daß Ihre Tochter es gut sehen kann. Wenn sich die Gelegenheit ergibt, sagen Sie ihr, sie könne ja auch darin lesen, wenn sie wissen wolle, wovon Sie ausgehen werden. Lassen Sie sich aber um Gottes Willen nicht auf ein sofortiges Gespräch ein! Weichen Sie dem Thema in den Tagen vor dem ausgemachten Termin eisern aus! Ihre Tochter weiß, daß Sie es nun wissen, und daß Sie das sehr ernst nehmen. Sie erlebt, daß Sie dagegen sind, nicht spontan repressiv oder aggressiv, sondern in einer Art, von der sie im Moment nicht erkennen kann, was daraus wird. Gerade weil Ihre Tochter sich bisher dadurch stark fühlte, daß sie genau im voraus wußte, wie ihre Mutter reagiert, wird es ihr sehr zu schaffen machen, nun plötzlich nicht zu wissen, was da auf sie zukommt."

Frau *W.* erlebte übrigens, was viele von uns erlebt haben: ihre Tochter war sichtlich erleichtert, daß die Mutter nun endlich Bescheid wußte. Natürlich hat sie ihr lautstark Vertrauensmißbrauch, Gemeinheit und Schnüffelei vorgeworfen – wie hätte sie auch sonst ihr Gesicht wahren können. Frau *W.* hat das ja auch erwartet und unmittelbar erlebt, wie es ist, wenn man sich ein wenig auf eine derartige Situation vorbereitet hat. Sie konnte verhältnismäßig gelassen bleiben, sogar Verständnis für die Gefühle der Tochter zeigen, *aber* (und dieses *„aber"* ist für alle, die mit Suchtkranken und Drogenkonsumenten zusammenleben, ein überaus wichtiges Wörtchen) auch deutlich machen, daß in diesem Fall ihre Verantwortung für ihr Kind das von ihr gefordert habe.

Dieses „aber" hat es vielen Familien wieder möglich gemacht, miteinander zu reden, ohne aneinander zu geraten, weil es uns die Möglichkeit gibt, Verständnis zu zeigen für die von Drogenwirkung und Drogenideologie, Drogenclique und Drogenkater hervorgerufenen Veränderungen unseres Kindes, ohne sie als richtig, oder auch nur annehmbar, zu akzeptieren. Dieses „aber" hilft uns zu der dringend nötigen Abgrenzung zwischen Drogenwelt und unserer Art zu leben, ohne unser Kind ab- oder gar auszustoßen.

Nein sagen, ohne es durchsetzen zu können

Betroffene Eltern stehen immer wieder vor der Situation, etwas zu wissen, ohne es ändern zu können, „nein" sagen zu müssen, ohne erwarten zu können, daß der Sohn oder die Tochter dieses „nein" respektiert. Trotzdem ist es wichtig, unser „nein" unmißverständlich zu sagen, denn nur so werden junge Menschen selbst verantwortlich für das, was sich ergibt, wenn sie unser „nein" übertreten. Nur dann können sie uns in späteren Jahren nicht vorwerfen: „Ihr seid schuld, ihr hättet damals „nein" sagen müssen, denn ich war zu jung, zu krank und unfähig dazu."

Ich wünschte manchmal, ich könnte es auf Band oder besser noch auf Video aufnehmen, wenn sogenannte „kaputte Typen", langjährig Drogenabhängige, mit mir sprechen. Es wäre heilsam für so manche Eltern und Helfer zu hören, mit welcher Verachtung, mit welcher Verzweiflung diese jungen Menschen von denen sprechen, die zu naiv, zu liebedienerisch, zu unwissend waren, oder aus falschem Ansatz heraus „ja" statt „nein" gesagt haben, die keine klare Linie gezogen haben und sich zum Helfer der Sucht machen ließen. Es könnte vielen Eltern helfen, so unmittelbar zu erleben, mit welch wütender Anerkennung, fast Hochachtung, Abhängige dagegen von denen sprechen, die „nein" sagen, sich konsequent abgrenzen und damit „wirkliche" Liebe und Hilfe geben.

Eine kaputte Familie

Das Ehepaar *Sch.* kam völlig zerstritten, aber doch gemeinsam, in die „Eltern-helfen-Eltern"-Beratung. Sie hatten lange gebraucht für diesen Weg. Ihr Sohn spritzte inzwischen alles, was er bekommen konnte. Er lebte mit der jeweiligen Freundin zu Hause in einer kleinen, separaten Wohnung, wohlversorgt, bekam alles gewaschen und gebügelt und wurde bekocht. Besonders schlimm war es für die Familie, wenn samstags – nach der Fahrt nach Holland mit Mutters Auto (!) – genug Stoff da war.

Die Mutter wollte so nicht mehr weiterleben; der Vater hoffte immer noch, Schlimmeres zu vermeiden, vor allem, daß der Sohn kriminell würde. Die Großmutter, die mit im Hause wohnte, durfte von alledem nichts wissen, und auch die jüngeren Geschwister glaubte man, da heraushalten zu müssen.

Eine typische „kaputte Familie", wenn hier auch weniger als Ursache, sondern – wie wir es nur zu oft erleben – als Folge des Drogenkonsums. Gerade innerlich intakte Familien, einander liebende Menschen, werden von der lebens- und liebesfeindlichen Zerstörungskraft einer Suchtentwicklung ja um so tiefer verletzt! Der Vorwurf aus Lehrmeinungen und Verursachungstheorien, nicht genug geliebt, dieses Kind in der Frühkindheit vielleicht unbewußt vernachlässigt oder gar nicht angenommen zu haben, kann bei solchen Familien nur noch mehr zerstören.

Das tiefe Verständnis, das alle im Kreis den Eheleuten *Sch.* entgegenbrachten, die kurzen Hinweise einiger Kreismitglieder auf ähnliche Situationen, Entwicklungen und Probleme in ihrer eigenen Familie, aber vor allem die ganz deutliche Feststellung, daß das Ehepaar *Sch.*, *weil* sie lieben, *weil* ihre Familie viel mehr ist als eine Wohngemeinschaft, in diesen Teufelskreis geraten ist, läßt bei ihnen die Verkrampfung und auch die damit zusammenhängende Feindseligkeit gegeneinander zusammenfallen. Sie setzen sich etwas entspannter zurück und hören erst einmal zu, was Frau *Z.* bedrückt, die ihr Problem los werden will und den Kreis bittet, sich nun ihr zuzuwenden.

Frau *Z.* ist geschieden, eine anerkannte Künstlerin und schon seit einiger Zeit im Elternkreis. Sie hat inzwischen viel gelernt, hat aufgehört, das Drogenproblem ihrer Tochter im Wettstreit mit ihrem geschiedenen Mann – wer liebt sie mehr, wer gibt ihr mehr – zu finanzieren. Nun schreibt sie dem Mädchen Briefe, in denen sie von sich selbst berichtet, von ihrer Arbeit, von der Großmutter und von ihrem wachsenden Wissen über Drogenwirkungen und -auswirkungen. „Was nützt das aber alles, wenn mein Mann weitermacht wie bisher?", fragt sie verzweifelt. „Ich bin doch nur noch die Rabenmutter, und er erstrahlt als der liebende, sorgende Vater".

Es ist ausgerechnet Frau *Sch.*, die spontan und sehr klar einwirft: „Das müssen Sie einfach durchhalten. Man kann nur sich selbst verändern, einen anderen nicht. Ihr Mann mag für Ihre Tochter jetzt noch so bequem und nützlich sein, wenn sie von der Droge wirklich weg will, wird sie sich nicht an ihn wenden, sondern an Sie!"

Es wurde still im Raum, das Ehepaar *Sch.* sah sich an, und wir anderen erlebten mal wieder, warum der Kernsatz unseres Kreises heißt: „Selbsthilfe durch Helfen."

Es änderte sich viel in der Familie *Sch.* Die Töchter kamen einige Male mit in den Elternkreis, und der Sohn mußte lernen, auf eine Familie zu reagieren, die gerade, weil sie ihn liebte, „nein" sagen lernte zu seinem Leben mit Drogen, zu seinen „Drogenfreunden" und zu seiner Drogenbeschaffung.

Es war kein leichter und kein kurzer Prozeß, aber als die beiden an diesem Nachmittag – ohne es zu merken, Hand in Hand – hinausgingen, wußten wir, daß sie es schaffen würden, wieder eine „intakte Familie" zu werden und damit eine Lebenschance für ihren Sohn, aber auch für seine Geschwister und für sich selbst zu haben.

Dem Abhängigen seinen Selbstverlust aufzeigen, jedoch nicht vorwerfen.

„Ich kann sagen, was ich will", beklagte sich Frau *D.*, „immer wird sie gleich aggressiv, sagt, ich nerve sie, ich labere. Dabei hat sich *Anne* in der letzten Zeit so unglaublich verändert. Mit ihren jetzigen Schulnoten erreicht sie doch nie das Abitur! Sie sieht jämmerlich schlecht aus, ihre Haut ist ganz grau, und seit einiger Zeit ist sie auch nicht mehr so reinlich. Ich muß es einfach mal offen aussprechen, sie riecht manchmal ganz penetrant, und wenn ihr „Freund" da ist, dann…, mein Gott, ekle ich mich schon richtig, sogar vor meiner eigenen Tochter."

Es gibt so vieles, was Eltern an ihren „Drogenkindern" negativ auffällt, was sie stört und was das Zusammenleben zunehmend erschwert. Aber immer Krach riskieren? Oder resignieren? Im Kreis trainieren wir etwas anderes. Wir wissen ja – und Eltern können sich dieses Wissen in Kürze aneignen – wie sehr die Drogen (und zwar alle, besonders aber Haschisch und Speed) die Sinne unserer Kinder „umnebeln". *Wahr*nehmen heißt aber, die Realität sehen, hören, riechen, fühlen, schmecken, *wie sie ist,* und das können sie durch ihren Drogenkonsum nicht mehr. Die Drogen, die länger im Körper und vor allem im Hirn verweilen, ehe sie abgebaut werden, beeinflussen die Wahrnehmung und Erkennung von Realität, unmerklich für den Konsumenten, weit über die sogenannte „Wirkung" hinaus. Alkohol z. B. wird mit 0,1 Promille in der Stunde abgebaut. Opiate, je mehr und je länger genommen, um so schneller abgebaut, sind dann aus dem Körper, wenn der „Entzug" beginnt. Haschisch braucht mehr als drei Wochen zum Abbau von 95% einer Wirkungsdosis, und wie lange die Designerdrogen (Speed auf Amphetaminbasis) oder die unglaublichen Kombinationen aller erreichbaren Drogen, die junge Leute „sich reinziehen", benötigen, kann niemand mehr genau sagen. Eines wird daraus jedenfalls ersichtlich: Drogenkonsumenten nehmen nicht mehr „wahr" wie wir. Sie können sich aber erst recht nicht vorstellen, daß das, was sie wahrnehmen, verzerrt ist oder nicht stimmt. Für sie ist die Drogenwirkung nach der spürbaren Wirkung vorbei. Jeder Vorwurf, ja sogar schon der Ausspruch, „das mußt Du doch sehen – riechen – fühlen usw.", trifft sie als Unterstellung oder Angriff. Dabei wäre es so wichtig, ihnen aufzuzeigen und bewußt zu machen, daß ihr „System" unnatürlich, fehlerhaft und eben drogenabhängig arbeitet.

Aber wie?

Frau *G.* schaltet sich ein: „Ihre Tochter kann gar nicht erkennen, daß sie sich verändert hat! Für sie gibt es keinen entsprechenden Bezug mehr zwischen Schulnoten und ihrem Vorhaben, Abitur zu machen und zu studieren. Sie will mit ihrem Körpergeruch, ihrer Unsauberkeit oder ihrer Unordnung ja auch keineswegs irgend jemanden provozieren. Sie merkt es einfach nicht, denn alles hat für sie drogenbedingt andere Stellenwerte bekommen. Was Ihr Kind dagegen sehr schmerzhaft erfährt, was es aggressiv macht und oft sehr verletzt, ist das Gefühl, daß Sie einander fremd geworden sind, einander nicht mehr verstehen. Für *Anne* scheint es, als würden Sie sie nicht mehr lieben, weil Sie ständig etwas an ihr auszusetzen und ihr vorzuwerfen haben." Frau *G.*, die das sagt, weiß, wovon sie spricht. Ihre Tochter hatte sie schließlich gehaßt, war ausgezogen und immer schneller, immer tiefer in Drogenkonsum und Drogenabhängigkeit geraten. Erst als die Mutter durchschaute, worauf es ankam, konnte es gelingen, wieder miteinander ins Gespräch zu kommen. „Wenn Sie sich einmal wirklich vorstellen, wie Drogen die Sinne, die Gefühle und die Denkfähigkeit Ihres Kindes verändern, wenn Sie fühlen, daß Ihr Kind das weder im Griff hat, noch willentlich steuern kann, dann lernen Sie schnell, was es heißt, mitzuteilen, ohne vorzuwerfen. Wir lieben unsere Kinder doch – trotz allem! "Frau *M.* versuchte, das zu vertiefen:„ Es hat mir damals sehr geholfen, daß mir im Elternkreis gleich beim ersten Gespräch geraten wurde, mir immer wieder so eine kleine russische Puppe vorzustellen. Sie steht heute noch auf meinem Nachttisch. Ganz innen, das Kernfigürchen, das ist meine Tochter, so wie sie war in ihrer ganzen Einmaligkeit, und wie sie wieder werden kann, wenn es gelingt, all die darüber gestülpten Hüllen aus Drogeneinfluß, Drogenerleben, Drogenideologie und Drogenmilieu abzuwerfen. Ich habe den Kern meiner Tochter ansprechen gelernt, egal wie die sichtbaren äußeren Hüllen sich benahmen oder reagierten." Alle im Kreis schauen nachdenklich vor sich hin, jeder überlegt, wie weit es ihm selbst gelungen ist, genau das in den eigenen Lebensalltag umzusetzen.

Liebevolle Mitteilungen

Die Mutter neben Frau *D.* legt ganz leicht die Hand auf deren Arm: „Wir wollen unsere Kinder erreichen, wollen sie warnen und auf Dinge aufmerksam machen, die sie selbst nicht mehr erkennen können! Das kommt nur an, wenn es liebevoll, vielleicht ein wenig bedauernd, und immer mit viel Verständnis, da sie Gesicht wahren müssen, geschieht. Wir müssen günstige Momente und Gelegenheiten dafür abwarten können und dann auch nur jeweils einen Hinweis, eine Frage anbringen." „Mit etwas Humor, manchmal sogar mit ein paar makabren Sprüchen, geht es auch, aber um Gottes Willen nie mit Ironie", wirft eine andere ein.

Frau *D.* versucht, sich das vorzustellen, und ihr Gesicht zeigt deutliche Skepsis und Hilflosigkeit. „Wenn Sie es nicht gleich schaffen, wenn die bisherige Art, miteinander zu reden – oder besser, zu streiten – zu eingefahren ist, versuchen Sie es doch einmal schriftlich", wird vorgeschlagen. „Legen Sie Ihrer Tochter, die ja noch zu Hause schläft, ein Zettelchen auf das Kopfkissen mit einem Fläschchen Eau de Cologne oder ihrem früheren Lieblingsparfum. Schreiben Sie ihr, daß Sie zwar fürchten, von ihr mißverstanden zu werden, aber ebenso fürchten, daß sie gar nicht merkt, was der übrigen Familie so zu schaffen macht, nämlich ihr Körpergeruch. Es sei so schrecklich, jemanden, den man liebt ‚nicht mehr riechen zu können', wäre ein guter letzter Satz."

Etwas mitzuteilen, ohne es vorzuwerfen, heißt, auch negativ Auffallendes, Fehlentwicklungen, Verluste von wertvollen oder liebenswerten Besonderheiten und Fähigkeiten, nicht weil sie *uns* an ihnen fehlen, bewußt zu machen, sondern weil *ihre* Einmaligkeit, *ihre* Grundsubstanz verloren geht, *sie* sich selbst verlieren.

„Ich habe einmal" berichtet Frau *U.* „ein Foto von meiner Tochter mit ihrem früher so strahlenden Lächeln an den Spiegel im Bad geheftet mit einem Zettelchen dran ‚Wo ist Dein Strahlen, wo ist Deine Ausstrahlung geblieben'?"

Mitteilung als Frage, als Suche nach dem, was und wie sie selbst einmal sein wollten, als Verlustanzeige von gerade für sie selbst wichtigen, erstrebten, gewollten und vorhanden gewesenen Persönlichkeitsmerkmalen! Mitteilen, weil wir sie lieben, weil wir glauben, daß sie sich nicht verlieren wollen, weil wir nur das uns Mögliche tun können und oft selbst nicht wissen, was möglich, was richtig und was falsch ist.

„Wenn ich doch Eltern hätte, die mich nicht liebten, die mich mißhandelten oder einfach verachten würden" schrieb eine Abhängige in ihr Tagebuch... denn solche Eltern stünden nicht zwischen ihr und den Drogen.

Alternativen anbieten, ohne sie aufzuzwingen

Es ist uns aus der Wirtschaftspsychologie bewußt, daß Kritik konstruktiv sein sollte. Selbst liebevollste und gelungene Bewußtmachtung von drogenbedingten Fehlentwicklungen, Selbstverlusten und geistigen oder körperlichen Schäden kann den Teufelskreis einer Suchtentwicklung nur verlangsamen oder kurzfristig anhalten. Je fortgeschrittener die Bindung aller Lebens- und Freizeitbedingungen, aller Freundschafts- und Liebesbeziehungen an das oder die Suchtmittel ist, um so unmöglicher, unerträglicher und unvorstellbarer erscheint dem Konsumenten ein Dasein ohne sein Mittel. „Seine Drogenfreunde sind (inzwischen) die einzigen, die er hat", hören wir immer wieder von Eltern. „Wenn wir ihm die nehmen, wenn er nicht mehr mit denen zusammensein kann, dann hat er niemanden mehr! Er sagt – und wir glauben ihm das – er bringt sich um, wenn er allein ist."

Die ganze Drogenclique erscheint, ohne nähere Betrachtung, tatsächlich als besonders enger Freundeskreis. Die Leute hängen aneinander wie die Kletten, sie glucken zusammen, wann immer es geht, versuchen, jedes Treffen so lange auszudehnen als möglich, telefonieren in der Zwischenzeit und lehnen Ferienfahrten mit der Familie als unmöglich ab – es sei denn, die Eltern nehmen zwei oder drei der Freunde mit.

Es sind, wenn überhaupt, die Eltern, in deren Haus oder Wohnung man sich trifft, die Eltern, die glauben, für die Freunde ihrer Kinder sollte ein Elternhaus immer offen sein, die dann zaghaft fragen kommen, was da eigentlich nicht stimme.

„Im vorigen Jahr haben die noch manches gemeinsam unternommen, sind Schwimmen, Eislaufen, ins Jugendheim oder manchmal in den Wald gegangen", schildert Frau *T.* „Aber das wurde immer seltener. Heute kommen die einfach, nehmen meinen Mann oder mich gar nicht mehr wahr, gehen aufs Zimmer unserer Tochter und...", sie stockt, so daß alle ganz aufmerksam warten, wie es nun weitergeht. Frau *T.* ist ganz verwirrt: „Das ist es ja, es passiert gar nichts mehr, es bewegt sich nichts! Die haben Musik laufen, rauchen und sonst nichts. Und das jeden Tag! Ich bin immer mal wieder reingegangen, hab' ihnen Cola und Kuchen oder Schnittchen gebracht, aber die haben nur dagesessen, haben mich an- oder eher ausgelacht und geschwiegen. Wenn ich was gefragt, ein Gespräch versucht habe, kam so widerwillig Antwort, daß ich nur wieder gehen konnte. Das ist doch unnatürlich für junge Leute. Wenn mein Sohn dagegen Freunde da hat, dann hört sich das ganz anders an, da wird gelacht, geflachst, rumgelaufen, da geht es mal lauthals gegeneinander in Diskussionen und Streit oder in Gelächter und Übermut. Und zwischen den beiden Gruppen, wie zwischen den Geschwistern, ist so etwas wie eine Wand aus Panzerglas."

Clique, Gruppe, Konsumgemeinschaft

Wir alle im Kreis vermuten, sind uns fast sicher, daß Inaktivität und äußere Ruhe in der Gruppe der Tochter auf Haschisch schließlich lassen. Gemeinsamer Konsum dieser Droge, erklären wir der Mutter, führt jeden einzeln auf den Abenteuerspielplatz seines eigenen Körpers und seines Gehirns. Dort ruft die Droge Gefühle und Gedankenverbindungen von großer Intensität, allerdings ohne Grund und Sinn, hervor. Gleichzeitig werden das Lustzentrum und ein allgemeines Gefühl des Verstehens und Verstandenwerdens (in diesem Alter sehr wichtig) hirnintern chemisch stimuliert. So hat der sehr junge Mensch in der ersten Konsumzeit das echte Gefühl, daß die Droge ihm soviel bringt, daß sogar einige Nebenwirkungen (Übelkeit, Denk- und Konzentrationsschwächen, Unfähigkeit, sich an den Inhalt der Wirkung nachträglich zu erinnern, u. a. m.) gern in Kauf genommen werden. Man kann das vergessene „Erlebnis" – denn Drogenerlebnisse sind hirnorganisch nicht speicherbar – ja jederzeit durch erneuten Konsum ersetzen. Daß sich die Schraube enger zieht, spürt er nicht. Je ausschließlicher er als Gleicher unter Gleichen immer öfter seine natürlichen, altersgemäßen Bedürfnisse nach Erleben, nach Extase, Abenteuer und Gemeinschaft, nach Lust, Geheimbündelei und nach Einblick in andere Welten und Ebenen sehr unnatürlich durch einfaches Konsumieren befriedigt, um so schneller und bindender wird dieses Verhaltensmuster erlernt. Abhängigkeiten von Suchtmitteln – die letztlich körperlicher Natur sind – sind eng gekoppelt mit Abhängigkeiten von erlernten und eingeübten Methoden entsprechender Lebensgestaltung. Beides wiederum gestaltet seinerseits die weiteren Vorstellungen und Erwartungen an Lebens- und Erlebenswertes; bestimmt also entscheidend und immer mehr mit, was man für schön und wichtig hält.

An diesem Punkt wird für Eltern heranwachsender Haschischprobierer und Haschischkonsumenten begreiflich, wie gefährlich und unverantwortlich es sein kann abzuwarten, bis sie von allein „aufhören" oder „aus dieser Phase herauswachsen".

Wenn viele dann auch noch keinen körperlichen, direkt meßbaren, spürbaren oder nachweisbaren Schaden davongetragen haben: die Zeit des Heranwachsens, mit dem, was an Erfahrung und Erleben, an Kenntnissen und Erkenntnissen so oder so erworben wird, ist viel zu kostbar und unersetzlich, um sie konsumierbarem Scheinerleben kampflos zu überlassen.

„Lassen Sie nichts unversucht, Ihre Tocher wenigstens ab und zu aus ihrem Drogenkreis herauszulocken", raten wir. „Es ist eine reine Konsumgemeinschaft und kein echter Freundeskreis mit gemeinsamen Erlebnissen, Austausch von Meinungen und Erfahrungen, mit Kräftemessen und gegenseitiger Anregung. Wie soll Ihre Tochter das aber merken ohne Vergleich? Wenn Ihr Sohn dagegen weiß, um was es geht, wird er vielleicht bereit sein, die Schwester mal in seinen Kreis mitzunehmen, sie an „echter" Clique teilnehmen zu lassen." Frau *E.* greift das auf: „Wir haben z.B. darauf bestanden, daß unser Sohn damals mit seinen Geschwistern und uns zum Skilaufen fuhr. Er hat gemeutert, wollte zu Hause bleiben, versprach das Haus, die Pflanzen, unseren Hund zu hüten. Wir hätten das sicher gemacht, wenn wir hier nicht gehört hätten, wie wichtig für ihn das Mitmachen ‚auf der anderen Seite' ist. Er wollte nicht. Wir haben ihm gesagt, daß wir ihn auf gar keinen Fall im Haus lassen. Wir wollten es auch nicht riskieren, daß seine „Freunde", wie wir ja von vielen hier gehört haben, unser Haus als sturmfreie Bude benutzen. Wir haben betont, daß wir ihm glauben, wie ernsthaft sein guter Wille ist, aber kann er für seine Clique garantieren? Wir haben ihm dann in einer netten kleinen Pension bei uns in der Nähe ein Zimmer mit Frühstück und Abendessen angeboten. „Dann kann ich ja noch lieber mitfahren", war seine Reaktion, und das tat er dann auch. Nach ein paar Tagen hat er es genossen, hat sich richtig ausgetobt in Schnee, Sonne und Aktivität". „Aber hat es geholfen?", fragt Frau *T.* zurück. Die andere Mutter lächelt nachdenklich. „Geholfen? Als wir zurückkamen, wartete seine Clique schon auf ihn, und bald war alles wie vorher. Aber wenn wir bei Tisch vom Urlaub sprachen, dann war er einer von uns, und als die Fotos fertig waren, hatten wir seit langem mal wieder einen gemeinsamen Abend. Er hatte seine ‚Freunde' einfach abserviert. Es gelang uns von da an immer wieder, ihn mal zu einem Konzert (eine Karte war übrig), mal zum Theater, zur Wochenendfahrt, zum Geburtstag der Großmutter, zur großen Anstreichorgie bei der Wohnungsrenovierung und zu Feten seiner Geschwister zu locken, einzuladen, zu überreden oder zu überzeugen, daß er gebraucht wurde. Gezwungen haben wir ihn nicht, aber schon ein wenig mehr getan, als ihn nur zu fragen. Nun, nachdem er seit mehr als zwei Jahren drogenfrei ist, meint er, das sei unheimlich wichtig gewesen, auch wenn es für uns andere oft kein Vergnügen war. Es seien seine einzigen, wirklichen Erinnerungen aus dieser Zeit, Knoten am Seil seines Drogenlebens, das ihm durch die Hände geglitten sei, als er noch glaubte, sich daran festzuhalten.

Gute Argumente, ohne sie alle gleich anzuwenden

Frau *E.* hatte es aber auch geschafft, ihre ganze Familie davon zu überzeugen, daß es da nicht Zuständige, Berufliche, öffentlich Bestallte gäbe, die schon etwas machen würden, wenn es erst schlimm genug stehe um den Sohn. Sie war der Meinung, daß jeder in seiner Familie, jeder, der ihn gern hat und will, daß er *der* wird, als den sie ihn von klein an erlebten, mithelfen sollte, seine Persönlichkeitsmanipulation durch Drogen zu bekämpfen.

So war es ihr gelungen, alle in dieser Familie zum Lesen der vorgeschlagenen Bücher und Schriften zu animieren, die sie dann auch miteinander besprachen. Wenn der Sohn bis dahin glaubte, er allein sei der „Eingeweihte", der „Erfahrene", so erlebte er zunehmend, daß seine Familie in Drogensachen unter Umständen mehr Durchblick hatte als er, besser als er selber verstand, warum er sich so fühlte und verhielt, so ausgeflippt oder genervt, so verlangsamt oder total desinteressiert war, warum er so blaß, so vergeßlich usw. war. Familie *E.* hatte aber nicht nur Erkenntnisse, sondern auch die Einsicht erworben, daß gute Argumente nur wirksam sind, wenn man sie sparsam und gezielt anwendet. Die ganze Familie wurde so „cool", wie der Drogensohn nur durch Drogeneinwirkung sein zu können glaubte.

Da gab es keine Redeschwalle, Überzeugungskampagnen, keine nächtelangen Palaver oder das berühmte „Zusammensetzen-um-sich-auseinanderzusetzen" mehr. „Wir haben einfach versucht, jeweils aus alltäglichen Situationen, gewöhnlichen Begebenheiten im Tagesablauf der Familie, aus dem, was wir von ihm hörten, an ihm sahen und was wir dabei fühlten, kleine Bemerkungen zu machen, Fragen zu stellen, oder liebevoll, aber cool durchblicken zu lassen, daß wir mehr verstehen, mehr sagen könnten."

Sie wird etwas verlegen: „Das hört sich fast an wie inszeniert oder wie gespielt. Für uns war es aber der Weg aus dem Hilflos-zusehen-müssen zum Hilfreich-sein-können, und es war uns bitter ernst damit. Wir wollten nicht warten, bis er ‚tief genug unten', ‚mit der Nase in der Gosse' war. Und es wirkte, es bewegte sich etwas! Immer häufiger kam nach dem erst unwirschen ‚was willst Du damit sagen, was soll diese Bemerkung?', oder ‚was heißt, merkst Du nicht – natürlich merke ich' dann doch eine ernsthaftere Frage ‚nach genauer Erklärung'."

Da muß auch Frau *L.* etwas loswerden: „Ich glaube, mein Sohn hat mir nur einmal wirklich ernsthaft zugehört: seine Jacke hing so schief und durch etwas Schweres in der Tasche verzerrt in der Garderobe, daß ich nachfühlte. Er hatte eine Gaspistole dabei. Er, der Friedensmarschierer, der Pazifist und Kriegsdienstverweigerer! Mein erster Gedanke war ‚Kokain' oder ‚Speed', ‚Verfolgungsangst' mein zweiter. In dem Moment erschien er auch schon selbst, und da rutsche es mir ganz locker raus: ‚Na, seit wann kokst Du denn?' Der war noch platter als ich. ‚Wie kommst Du denn darauf?' Nur weil meine Knie zu weich waren, tat ich das erstemal das einzig richtige: ich erklärte nichts, versuchte ihm nichts von alledem, was über Kokain und Speed, Wirkungen und Auswirkungen in meinem Kopf durcheinander wirbelte, überzustülpen, sondern ließ ihn einfach stehen. Mit einem ‚Da können wir später mal drüber reden' nahm ich Mantel und Tasche und sauste los, als hätte ich dringend etwas zu erledigen. Ich lief bloß um die Ecken, um den Aufruhr in mir in den Griff zu bekommen, aber als ich zurückkam, war er nicht wie üblich weg, sondern wartete. ‚Du wolltest mir doch noch sagen, wie du auf Koks kommst', empfing er mich. Ein Rest von Arroganz in seinem Ton machte mich vorsichtig.

Jetzt nicht, laß uns später darüber reden

‚Jetzt nicht, laß uns später oder morgen darüber reden. Es ist wegen der Pistole, aber jetzt muß ich kochen' wich ich aus und ließ ihn stehen. Ich wollte lieber nochmal nachlesen, was ich über Kokain wissen sollte, wollte nochmal mit anderen aus dem Elternkreis darüber – wenigstens telefonisch – reden. Er ließ nicht locker, und als wir uns dann endlich zusammensetzten, da hörte er wirklich zu, nahm meine Argumente ernst." Frau *L.* schaut sich kurz um: „Eigentlich hätte ich mehr daraus lernen sollen, aber meistens schaffe ich es nicht, den Mund zu halten." Nun, dafür kommt sie immer wieder in den Kreis, und heute ist sie, durch ihre selbstkritische und nicht ganz humorlose Darstellung, sicher einen großen Schritt weitergekommen.

Es gehören viel Selbstbeherrschung, viel Nervenstärke, Gelassenheit und eine ganze Portion Humor dazu, als Familie, als Eltern, mit einem Drogenkonsumenten zu diskutieren, ohne daraus einen Disput werden zu lassen.

Diskutieren, ohne zu disputieren

Herr *A.*, Professor der Physik und Mathematik, ist von Natur aus und vom Beruf her sachlich, logisch und beherrscht. Aber als betroffener Vater ist ihm das irgendwie abhanden gekommen: „Er ist der mir ähnlichste unter meinen Söhnen", berichtet er, „ein Zahlenjongleur, immer eine ‚Eins' in Mathematik – ohne meine Hilfe", betont er, als er unser Lächeln merkt.

„Immer bereit, Probleme zu lösen, Schwierigkeiten als Herausforderung zu begreifen. Außerdem ist er, wie ich, begeisterter Hobbyhandwerker. Wir haben unser Haus in sehr viel Eigenarbeit gebaut, und er hat wirklich aus Freude daran mitgeholfen. So hatte ich mir Vatersein immer vorgestellt. Davon habe ich, als meine Jungs noch klein waren und uns zeitmäßig, nervlich und finanziell sehr belasteten, immer geträumt. Wir haben einen Künstler, einen, der jetzt sein Jurastudium beginnt, und *Christian,* wegen dem wir herkommen. Seit einigen Monaten hat er sich vollkommen verändert, ich möchte fast sagen, in sein eigenes Gegenteil verwandelt. Viel schlimmer aber ist, daß wir alle – ganz schleichend und unmerklich – uns, oder zumindest unser Verhalten, unsere Art, miteinander umzugehen, miteinander zu leben, auch entsetzlich veränderten. Wir schreien uns an, machen einander Vorwürfe, sind voller Mißtrauen und erpressen uns gegenseitig um das, was wir früher so selbstverständlich füreinander taten." Es mußte einfach heraus aus ihm, er hatte wohl zu lange nach außen, den Kollegen, den Freunden gegenüber so getan, als sei alles wie früher.

Nichts mehr war so! „Am schlimmsten finde ich, daß wir nicht mehr ruhig und sachlich miteinander reden können. Wir haben so gerne, so engagiert und fair miteinander diskutiert. Heute geht das nicht mehr, selbst wenn *Christian* nicht dabei ist. Auch *Gert* und *Ralf* sind überempfindlich geworden, fühlen sich mal zu uns" – er schaut seine Frau sehr liebevoll dabei an – „mal zu ihrem Bruder hingezogen, werden aggressiv durch diese Ambivalenz und vermeiden es zunehmend, sich überhaupt zu Hause aufzuhalten." Frau *A.* scheint immer der ruhende Pol dieser bisher so lebendigen Familie gewesen zu sein. Sie strahlt Wärme und Verständnis aus. Sie ist es, die auf den Verdacht kam, daß *Christian* Drogen nähme, und sie ist es auch, die so gut wie alles, was es darüber auf dem freien Markt zu lesen gibt, gelesen hatte. Sie hat Medizin studiert und konnte sich nun auch sehr schnell mit dem vertraut machen, was wir ihnen an Schriften mitgaben oder zu lesen empfahlen.

Unwissen ist Ohnmacht

Es mag andere Wege geben, Eltern aufzufangen. Im Bonner Elternkreis geht der Weg aus der Ohnmacht, dem Ausgeliefertsein an den Teufelskreis einer Suchtentwicklung auch, und sehr betont, über die Aneignung von Wissen. Dieses Wissen über Suchtmechanismen, die biochemischen Einwirkungen von Drogen auf Stoffwechsel, Hormonhaushalt, Drüsen und vor allem die Hirnfunktionen, ist ja keine blasse Theorie; es ist für betroffene Eltern und Geschwister immer und vor allem Erklärung für etwas, was sie erlebt, erfahren und bisher nicht verstanden haben. Ihr neues Verständnis verhilft ihnen daher vor allem auch zu neuer Handlungskompetenz, zu mehr Sicherheit, mehr Gemeinsamkeit, mehr Gelassenheit und zu tragfähigeren Einstellungen gegenüber dem Drogenkonsumenten und seinem Drogenverhalten.

„Versuchen Sie, seine Diskussionsbeiträge nicht mehr am objektiv Richtigen, Logischen, Sachlichen zu messen, sondern an seinen subjektiven, drogenbedingten Möglichkeiten", raten wir dem Vater. „Benutzen Sie Redewendungen wie: Ich verstehe, daß Du das so siehst, ich glaube ja, daß Du wirklich meinst, es wäre so, ich kann mir vorstellen, wie Du das auffaßt, wie das bei Dir ankommt..., aber ich sehe das anders, für mich, aus meiner Sicht, mit wachen Sinnen, ohne veränderte Hirnchemie, nach allem, was ich weiß, nach allem, was andere, die wissenschaftlich daran arbeiten, die das schon durchgemacht haben, wissen oder sagen, usw...."

„Erwarten Sie auch nicht mehr, daß Sie Ihren Sohn in Diskussionen überzeugen, bekehren oder auch nur zur Einsicht bringen können", gibt Herr *K.* zu bedenken, „das ist immer der Weg in den Disput. Mein Junge hat mir Jahre später gesagt, daß er nie direkt hätte zugeben oder nachgeben können, daß er aber viele wichtige Denkanstöße, Hilfen zu Selbstbeobachtung und Beobachtung seiner Drogenfreunde aus solchen scheinbar fruchtlosen Diskussionen mitgenommen hat. Und zu lange dürfen sie nicht dauern, eine Viertelstunde, höchstens 20 Minuten, mehr zerredet bloß und überfordert das ja eingeschränkte Konzentrationsvermögen eines Drogenkonsumenten."

„Ihr Sohn sollte auch nie das Gefühl haben, nun allein gegen alle zu stehen, die ganze Familie gegen sich zu haben," gibt Frau *G.* zu bedenken. „Drogen machen sehr sensibel."

Die chemische Manipulation ihrer Sinne und ihres Nervensystems macht Drogenkonsumenten überempfindlich, eben überreizt. Die gleichzeitige Dämpfung bis Lähmung ihres Antriebs verschlimmert ihre Unausgeglichenheit, ihre sich in Ausbrüchen oder Fäkalsprache und Gassenjargon entladende innere Spannung.

Es gibt noch etwas zu bedenken: Für eine Zeitdauer von 1-2 Jahren erscheint die Droge – je nach Konsumhäufigkeit und -menge – für den Drogenkonsumenten selbst als etwas absolut Positives. Es ist ja das Fatale, daß sie tatsächlich die Bedürfnisse eines 14- bis 16jährigen abdeckt und ihm zu einem in diesen Lebensjahren wichtigen Wohlbefinden verhilft. Ein Jugendlicher in diesem Alter, aufgewachsen in einer Gesellschaft, die Schäden und tödliche Gefährdung für viele ihrer Genußmittel (z.B. Tabak, Alkohol) und ihrer Lebenserleichterungen (z.B. Auto, Flugzeug, Spraydosen) in Kauf nimmt, sieht z.B. gar kein Problem in der, nun endlich auch wissenschaftlich erwiesenen, Schädlichkeit von Haschisch.* Er will ja weder alt werden, noch fit sein für ein von ihm abgelehntes Arbeitsleben. Er will hier und jetzt und absolut frei sein und sich selbst bestimmen. Mit Drogen kann er vermeintlich sogar seine Gefühle, seine Befindlichkeit, seine Phantasie, seine Gedanken und, wie er die Welt erfährt, konsumtiv beherrschen – durch Konsum an- oder abschalten. Kinder der Konsumgesellschaft!**

Weiteres kommt hinzu und verstärkt beim Drogenkonsumenten den Glauben an eine positive Gewinn-Verlust-Rechnung: immer wieder macht er außerhalb seiner Drogenclique die Erfahrung, daß er, wenn er Drogen konsumiert hat (er ist dann ja ansprechbarer, redebereit, kontaktbedürftig), zu Hause, in der Schule, im Jugendheim, beim Verein usw., besser ankommt. Man geht auf ihn zu, nimmt ihn an, versucht, auf ihn einzugehen, mit ihm zu

* siehe: „Haschisch – Zerstörung einer Legende" von *Peggy Mann.*

** siehe: Anhang: *N. Postmann:* Wir amüsieren uns zu Tode.

reden. Hat er dagegen länger nichts genommen (was sich in Mürrischkeit bis Aggression, Unleidlichkeit und Überreiztheit äußert), geht man ihm überall aus dem Weg oder lehnt ihn ab, gerät in Streit, kann ihn nicht leiden. Also nicht nur er selbst fühlt sich unter Drogen besser, sondern er erfährt sich auch von uns und anderen besser behandelt, wenn er unter „Strom" steht!

Gegen die Drogen zu reden und zu argumentieren, hat angesichts dieser Sachlage wenig Chancen. Daß wir gegen die Drogen sind, müssen wir mehr durch unser Verhalten, durch Konsequenz und Einfühlungsvermögen in die Besonderheiten der Drogenauswirkungen beweisen.

Herr *A.* hakt nach: „Das leuchtet mir ein. Aber – wie merke ich zuverlässig, daß er konsumiert hat? Wie merke ich, daß er dadurch, und nicht, wie es uns bisher vorkam, endlich einmal ansprechbar ist?" Alle Blicke gehen auf Frau *A.* Tatsächlich ist es eine immer wiederholte Erfahrung, daß es die Mütter sind, die das spüren, wenn sie nur den Mut haben, ihrem innersten Instinkt zu glauben. „Wenn mein Junge konsumiert hatte, dann hatte er so etwas Fremdes, manchmal Beängstigendes, irgendwie Unheimliches an sich, und wenn er noch so freundlich auf uns zukam. Ein anderes Mal wirkte er nur ganz eigenartig deplaziert", versucht Frau *N.* zu erklären. „Sogar unser Hund reagierte darauf. Wir beobachteten, wie er dann irritiert sein Begrüßungszeremoniell abbrach und unserem Sohn aus dem Weg ging." „Es ist doch gar nicht so wichtig, es immer so genau und beweisbar zu wissen", meint Frau *U.*, „es ist auf jeden Fall angebracht, sich liebevoll zurückzuhalten, wenn sie auch nur möglicherweise unter ‚Strom' stehen, und sich dafür zu bemühen, mit ihnen auszukommen, sie tapfer zu ertragen, wenn sie mit sich und der Welt unzufrieden sind." „Wenn man es im Hinterkopf behält, ihr durch Drogenkonsum erträglicher scheinendes Verhalten nicht mit Zuwendung zu belohnen und ihre durch Drogenmangel oder Drogenentzug entstehende Unleidlichkeit nicht mit Abwendung zu bestrafen, dann gelingt das schließlich auch immer öfter und mit immer weniger Krampf. Richtig machen können wir sowieso nicht alles, wenn wir nur unser Mögliches versuchen."

Die Ambivalenz des Süchtigen

Frau *G.* will damit auf ein anderes Thema hinaus: „Ob sie noch zu Hause wohnen oder schon ausgezogen sind, ob sie minderjährig sind und wir noch verantwortlich, oder ob sie schon volljährig und wir nicht mehr für sie zuständig sind, eines gilt immer: wer Drogen konsumiert und die ersten Nachteile, die ersten spürbaren Schwierigkeiten erlebt, ohne aufhören zu können, gerät in die für alle Suchtkranken typische Ambivalenz. Das heißt: er will aufhören und weitermachen zugleich. Von uns, die wir sie lieben, erwarten sie, daß wir ihnen helfen, aufzuhören, aber sie wünschen sich doch nichts mehr, als daß wir ihnen helfen, weiterzumachen. Wer mal das eine, mal das andere tut, wird bald von ihnen den bitteren, aber wahren Vorwurf zu hören bekommen, ja nicht anders als sie selbst zu sein; ebenso schizophren, so abhängig, so widersprüchlich."

Sie hat recht, es ist gerade unsere Liebe zu ihnen, die uns verpflichtet, alles zu unterlassen, was ihren Drogenkonsum oder ihr Leben mit Drogen ermöglicht, erleichtert, verschönert oder auch nur ungestört läßt. Eltern sein, Leben gegeben haben und Drogenkonsum, dieser schleichende Selbstmord, sind einfach Gegensätze.

Wir sollten nicht zu billigeren Begründungen für unser als unbequem bis feindlich empfundenes Verhalten greifen. „Du kannst nicht verlangen, daß Eltern Dir Geld geben, wenn sie damit rechnen müssen, daß es für Drogen ausgegeben wird," habe ich meinem Jungen gesagt, als ich wußte, er hascht. Der hat mich ausgelacht. ‚Aber Muttchen, ich kauf' mir Schuhe, eine Hose, Bücher, Schallplatten', und was er noch alles aufgezählt hat. Ich bin stur geblieben. ‚Und wenn Du es nicht direkt dafür ausgibst, sondern dadurch Dein Geld aus Deinem Job sparst und für Drogen frei hast, es ist für mich das Gleiche.' Diese Mutter hatte unseren Rat beherzigt: kein Bargeld mehr, keine Taschengeldauszahlung! Lieber ein Konto anlegen – unzugänglich für den Drogenkonsumenten – und dort alles einzahlen, was er normalerweise von uns bekäme, einschließlich der Geburtstags- und Weihnachtsgeldgeschenke aus der Familie. Dringend notwendige Sachen, Kleidung, Bücher usw. kann man gemeinsam kaufen, sollte aber nicht übersehen, daß der Drogenmarkt auch Sachen in Zahlung nimmt!

Es gibt immer die Alternative, aufzuhören

Ein solches Sperrkonto kann einmal helfen, den Start in die Drogenfreiheit zu erleichtern. Es hat außerdem den Sinn, nachzuweisen und bewußt zu machen, daß wir ihnen nichts vorenthalten, an ihnen nicht knausern, sondern begründet und vorläufig (von ihnen jederzeit durch ein drogenfreies Leben änderbar) eine Stützung ihres Drogenlebens verweigern. Es gerät so häufig selbst den Eltern aus den Augen, daß es *immer* die Alternative, *das Aufhören,* gibt. Wir sind ja zu jeder Hilfe für ihre drogenfreie Zukunft bereit, aber nicht mehr zu faulen Kompromissen!

„Ich hab' mir einfach immer vorgestellt, wie meine Tochter das, was ich jetzt tue, vielleicht in zehn Jahren – wenn sie normal und drogenfrei geworden ist – beurteilen wird. Darum hab' ich ihr auch immer wieder gesagt: ‚weil Du Deine Zukunft verspielst, will ich das mir Mögliche tun, sie Dir zu erhalten, auch wenn Du das heute gar nicht wollen kannst.'"

Gefährliches Mitleid

Je fortgeschrittener eine „Drogenkarriere" ist, um so schwerer wird es für die Eltern – und mehr noch für alle Nichtbetroffenen – zwischen der Bekämpfung der Drogen, des Drogenmarktes und der des Drogenkonsumenten und Drogenabhängigen zu unterscheiden. Das Mitleid mit dem „Kranken" verstellt die Sicht, auch wenn er dealt, wenn er ‚voll drauf' Auto fährt, wenn er erst bei den Eltern, dann in Apotheken und Kaufhäusern und schließlich, wo sich die Gelegenheit bietet, stiehlt; wenn er in beispiellosem Leichtsinn die Aidsgefährung mißachtet oder – als schon Infizierter – ohne Bedenken diese Infektion über Spritzbestecke und Sexualkontakte weitergibt.

Es ist ein gefährliches Mitleid, gefährlich für die, auf deren Kosten dieser „Kranke" geschont wird, und noch gefährlicher für ihn selbst, denn es macht ihn zum Opfer. So wird er zum Opfer gemacht von Familie und Gesellschaft, „die ihn dahin brachten"; zum Opfer der Drogen, „die ihn krank und verantwortungsunfähig machen". So wird er allerdings auch zum Opfer all derer, die eingreifen könnten, aber es nicht tun, weil sie seine „Freiheit", sich und andere zu zerstören, höher einschätzen, als sein Recht „zur Verantwortung gezogen zu werden", wenn er selbst zur Verantwortung nicht mehr fähig ist. In solchen Stadien Hilfe gar davon abhängig zu machen, ob der Abhängige „wirklich selber aufhören will", geht an der Ambivalenz seines drogenabhängigen Willens wirklich total vorbei. Bei einem, der die körperlichen, geistigen und seelischen Bedingungen für die Entstehung von „Einsicht" verloren hat, eben diese vorauszusetzen, ist geradezu grausam. Zynisch, aber logisch auf dem Wege des Opfergedankens wird es, wenn man überlegt, ihm dadurch zu „helfen", daß man ihm legal Drogen verabreicht. So wird er im geistig-seelischen Zustand der Abhängigkeit und im „Nur-durch-Droge-leben-können" zwar zementiert, aber man glaubt, so seine Schädlichkeit für andere und seinen legalisierten Drogenkonsum besser kontrollieren, verwalten und eingrenzen zu können. Man stempelt ihn damit zum hoffnungslosen Fall, heilungsunfähig, nicht mehr therapierbar und nennt es Hilfe, aber Hilfe wozu?

Liebe gibt nie auf

Eltern wissen, daß es selbst beim „kaputtesten Typen" noch Hoffnung, noch Chancen gibt, durch erlebte Verantwortung, durch schicksalhaftes Geschehen, durch erzwungene, wodurch auch immer, clean-Phasen, durch Begegnung mit der Liebe oder durch Sinnfindung frei zu werden. Unsere Erfahrung lehrt das theoretisch nicht Erklärbare, daß der Suchtkranke, selbst im Vollstadium, immer die Chance und die Fähigkeit hat, plötzlich ‚nein' zur Droge zu sagen, die Ambivalenz seines Willens, auch zur anderen Seite hin zu überwinden, um wieder Mensch zu werden. Sein Urteil für die, die seinen kranken Willen zur Droge verstärkt, unterstützt oder benutzt und zum

Programm gemacht haben, ist um so härter. Das kann und sollte uns helfen, immer an den im Suchtkranken zu glauben, der frei werden will und kann.

Lieben, ohne Gegenliebe zu erwarten

Es ist sehr schwer für Eltern, die ihre Liebe zu ihrem Kind im Wechselspiel mit seinem ersten Lächeln, seinem Vertrauen, seiner wachsenden Gegenliebe verinnerlicht haben, plötzlich nur noch seine Kälte, verletzende Fremdheit und Gleichgültigkeit zu erleben.

„Ich glaube, in nichts habe ich die Hilfe des Elternkreises mehr gebraucht als darin, trotzdem noch zu glauben, daß mein Kind mich liebt oder wenigstens wieder lieben wird," tröstet Frau *F.* eine neue Mutter, die in ihrer Verzweiflung und ihrer Enttäuschung schluchzend dasitzt. „Wenn ich jetzt plötzlich streng bin, ihr kein Geld mehr gebe oder – wie Sie mir raten – ihr drohe, sie rauszuwerfen, dann haßt sie mich doch noch mehr, dann verliere ich sie ganz!", wehrt diese sich. Alle im Kreis kennen diese Angst vor dem Risiko, ihr Kind ganz zu verlieren, nur zu gut. Wir müssen uns aber immer wieder klar machen, was es heißt, „in Kauf zu nehmen", daß sie so weitermachen.

Ist es wirklich noch Liebe, die hier und jetzt Gegenliebe sucht, ohne an morgen zu denken?

Ist es nicht vielmehr ein Merkmal von Elternliebe, daß sie nicht auf Erwiderung angewiesen ist, wenn sie nur weiß, daß das geliebte Kind sein Leben findet, seine Fähigkeiten entwickelt, um Liebe dann an seine Kinder weiter zu geben?

Aber wenn das nicht so ist? Wenn ein junger Mensch sich selbst zerstört, seine Zukunft aufgibt, um seiner Lust hier und jetzt willen, dann benutzt er meist auch die Liebe seiner Eltern nur noch für seine zutiefst lebensfeindlichen Ziele. Er erpreßt sie mit ihrer Angst um ihn und sein Leben und macht sie schließlich sogar mitschuldig an seiner Selbstzerstörung. Viele Eltern spüren das und werden doch von den ausgesprochenen und unausgesprochenen Drohungen ihrer sehr geschickt – zur Drogenerhaltung – taktierenden Kinder immer wieder verführt, „nur noch dieses Mal", „bis zur Versetzung – zur Prüfung – bis...", oder solange sie noch „zu Hause sind", „zur Schule, Lehre, Uni gehen", solange sie wenigstens noch nicht kriminell geworden sind, noch nicht spritzen und, und, und... immer wieder den bestehenden Zustand zu akzeptieren, um Schlimmeres zu vermeiden.

Bedingungslos lieben?

„Jedesmal gab es rührende Szenen, wenn ich wieder einmal umgefallen war, wieder nachgegeben hatte" erzählt Frau *R.* „und doch, wenn sie mich umarmt und mir sagt, ich sei die beste Mutter der Welt, bin ich nicht glücklich. Da bleibt ein schaler Geschmack. Ich weiß zwar, noch ist sie da, noch kann ich sie sehen, fühlen, etwas für sie tun, aber..." sie verstummt hilflos. „Sie ist doch mein einziges Kind und alles, was ich habe!" Frau *R.* ist eine alleinerziehende, attraktive und in ihrem Beruf sicher sehr tüchtige Frau, aber seit Jahren schon völlig verstrickt in ihre Angst, die Tochter zu verlieren. Merkt sie nicht, daß sie sie längst verloren hat und sich selber dazu? Wir haben alle zu großes Verständnis für ihre Angst, zu große Achtung vor der Entscheidungsfreiheit eines jeden von uns, um ihr zu sagen, daß sie nun doch endlich begreifen muß, wie sehr sie das Siechtum ihrer Tochter nur verlängert, ihre Drogenkarriere nur verlangsamt, und wie wenig sie bisher wirklich vermieden oder verhindert hat. Sie kommt ja zu uns, weil ihr Kind immer mehr, immer härter, immer absoluter konsumiert, doch kriminell wurde, eine Ausbildung zwar noch schaffte, aber dann an den Nagel hängte, um schließlich – wenn auch um Jahre später – doch ganz am Ende zu sein. So stellen wir an alle die Frage: „Ist das Liebe, dieses sich selbst verleugnende Begleiten des Kindes auch auf seinem Weg in die Selbstzerstörung?" „Es ist doch krank, kann doch nicht anders, braucht mich doch, wäre doch sonst schon längst untergegangen", hören wir Mütter sagen und auch manchen Vater. Aber glauben sie das auch nur selbst?

Liebe ist eine der stärksten geistigen Kräfte des Menschen. Dürfen wir sie ohne Frage nach der Richtung und dem Ziel wirksam werden lassen? Der Abhängige – und das ist wesentlicher Kern seines Abhängigseins – will ja nicht nur weitermachen, sondern er will auch – und das genau so sehr – aufhören! Seine Entscheidungsunfähigkeit, die ja keineswegs eine -unwilligkeit ist, fordert daher von denen, die ihn lieben, Entscheidung, zumindest Entscheidungshilfe. Wenn wir uns nicht klar gegen die Droge wenden, enttäuschen wir seine Hoffnung auf Hilfe, auch wenn er sich nichts mehr wünscht als das.

Gerade unsere Liebe zum Suchtkranken also muß das vor ihm zu schützen, das für ihn bewahren helfen, was er – drogenbedingt – bereit ist, seinem Drogenleben zu opfern. Liebe, die so handelt, findet allerdings, solange Drogen im Spiel sind, dafür keine Gegenliebe. Erst, wenn die Drogenfixierung überwunden ist, bestätigt der Gesundete ihre tiefe Sinnhaftigkeit. Das ist allein schwer durchzuhalten.

Sehr nahe beieinander liegen das Lernen zu lieben, ohne damit falsch zu verstärken, und das Lernen zu sorgen, ohne zu versorgen, was das Gleiche bewirken würde.

Vom ersten Moment unserer Liebe zu unseren Kindern an sorgen wir uns um sie, weil wir erleben und erkennen, daß wir nur *unser Mögliches*, aber nicht *ihr Mögliches* für sie tun können. Solange unsere Kinder unfähig sind, für sich selbst zu sorgen, versorgen wir sie in natürlicher „Brutpflege". Wir bemühen uns, sie großzuziehen, der Selbständigkeit, Eigenverantwortlichkeit, dem Erwachsenwerden entgegen. Unsere Verantwortung für sie nimmt dann normalerweise im gleichen Maße ab, wie sie fähig und bereit werden, Selbstverantwortung zu übernehmen. Ihr Anspruch auf Versorgung durch uns gehört zwar in denselben Zusammenhang, ist heute aber unter anderem durch verlängerte Ausbildungszeiten, Arbeitslosigkeit und das immer bedingungslosere Versorgungsdenken unseres Sozialstaates in eine andere Anspruchs-Bedingungskategorie geraten.

„Das kann doch nicht so weitergehen", beschwert sich Herr *K.*, „der hat die Schule geschmissen, lehnt jede andere Ausbildung ab, sitzt in seiner eigenen Wohnung und ‚kifft' – wenn nicht sonst noch was – und wir müssen das alles von unserem bitter erarbeiteten und versteuerten Geld auch noch bezahlen. Wenn wir ihm nicht freiwillig Unterhalt zahlen, geht er zum Sozialamt, und das holt sich dann doch wieder alles von uns zurück."

Das hören wir immer wieder, sogar oft als Ergebnis von Rücksprachen mit einem Anwalt oder einem Beamten, von dem man einen kompetenten Rat hätte erwarten können. Immer wieder erleben wir auch Eltern, die von Sozialämtern entsprechend zur Kasse gebeten wurden und werden, obwohl das ganz einfach nicht rechtens ist.

Ein betroffener Vater und Anwalt hat sich besonders dieser Rechtsunsicherheiten, dieser bürokratischen Übergriffe und Fehlbeurteilungen angenommen. Sein „Juristischer Leitfaden für Elternkreise"*, gibt betroffenen Eltern ganz präzise mit den entsprechenden Paragraphen und möglichen Formulierungen für Anträge oder Ablehnungen Hilfen gegen falsche Versorgungsansprüche ihrer drogenkonsumierenden oder drogenkranken Kinder und deren eventuelle Helfershelfer.

Gerade, weil wir uns um sie sorgen, müssen wir ihren Versorgungsanspruch daraufhin prüfen, ob er uns nicht zwingt, ihr Drogenleben nicht nur zuzulassen, sondern auch noch zu finanzieren, zu unterstützen und dadurch am Ende mitzuverantworten.

Versorgungsstaat

„Ich will ja alles für mein Kind tun" erklärt Herr *S.*, „meinen anderen Kindern finanziere ich ja auch ihre Ausbildung und ihr Leben, solange sie nicht genug verdienen, und gerne auch mal hier und da was Besonderes. Muß ich mir da von einem Amt vorwerfen lassen, ich wolle bei *Guido* sparen, ich wollte ihm etwas vorenthalten, was ihm zusteht?" Ihm hatte es endlich gereicht, zum vierten Mal von einem Sozialamt – sein drogenkonsumierender Sohn zog aus guten Gründen immer wieder um – aufgefordert zu werden, wieder einmal seine Finanzen offen zu legen.

* Zu erhalten über *Monika Mügge*, Edenstr. 59, 2838 Sulingen

Schlimmer war, daß er inzwischen seine berechtigte Wut auf die Behörden, die behaupten, „sinnfrei" handeln, bzw. versorgen zu müssen, auf seinen Jungen übertrug. Der nutzte, wie alle Süchtigen, doch nur aus, was ihm angeboten, um nicht zu sagen aufoktroiert wurde. Wer denkt schon auf einem Amt daran, wieviel schwerer es für Eltern ist, ihrem Drogenkonsumenten eine krankheitsfördernde Versorgung zu verweigern, wenn „Vater Staat" ihnen daraus auch noch einen Vorwurf macht und ihre mühsam erworbene Vernunft mit bürokratischer Unvernunft ad absurdum führt?

Mir kommt immer ein Bild vor Augen, wenn ich Eltern erlebe, die Schwierigkeiten haben, ihre Sorge um ihr Kind und seine Versorgung, aus welchen Gründen auch immer, auseinanderzuhalten: junge Amseln sind, wenn sie das Nest verlassen, noch nicht ganz flügge. Sie hüpfen auf unseren Wiesen herum – der Katze, dem Fuchs, Marder oder Bussard ein leichtes Opfer. Dank dem Fleiß ihrer guten Eltern sind sie dick und rund und wirken, wie sie da aufgeplustert und durch „hilfloses" Flügelschlagen, bettelnd ihren Schnabel fordernd aufsperren, fast größer als ihre aufgeregten Eltern. Wenn die allerdings nicht aufhören würden, sie zu versorgen, wären ihre Überlebenschancen gleich Null. Fürsorge und Versorgung würden zur Falle statt zur Hilfe.

Wege weisen und verkürzen, aber nicht für sie gehen

„Gibt es denn nichts, was ich für meinen Sohn tun könnte?" fragt Frau *B.* „Er wird doch gar nicht mehr mit allem fertig.

Wenn ich nicht für ihn zum Arbeitsamt gehe..., wenn ich ihn morgens nicht wecke..., wenn ich nicht die Schule anrufe..., ihn nicht an Termine erinnere, seine Sachen nicht wenigstens ab und zu wasche, ihm mal was Richtiges zu essen gebe – er ist doch so jämmerlich abgemagert –." Das Lied geht bei vielen so und noch weiter. „Wenn ich ihm nicht ab und zu ein paar Mark zustecke, die Fahrkarten kaufe, seine Autosteuer und -versicherung, seine Miete, seine Schulden zahle, wenn ich nicht den Termin mit der Drogenberatung mache, mich nicht um einen Therapieplatz und nicht um die Kostenregelung kümmere, usw."

Es ist für uns Mütter eine große Versuchung, unser so quälendes Gefühl von Hilflosigkeit gegenüber der Suchterkrankung durch allerlei Aktivitäten für den Suchtkranken zu überdecken. Wir werden so aber nur zu leicht zum *Sucht*helfer, und es ist sehr schwer, aus einer solchen Verstrickung wieder herauszufinden. Solche Mütter kommen zu uns und verstehen absolut nicht, warum ihr suchtkrankes Kind, das diese Hilfen ja von ihnen erbettelt und sie sogar dazu erpreßt hat, sich trotzdem immer wieder in Aggressionen und Verachtung gegen sie wendet. Sie verstehen diesen „Undank" nicht, glauben, nicht gut genug, nicht schnell genug, überhaupt noch nicht genug, „geholfen" zu haben.

Es ist ebenso unmenschlich wie unsinnig, von ihnen zu verlangen, nichts mehr für ihr Kind zu tun, sich „endlich abzunabeln" – wie es heißt – und „mal nur noch an sich selbst zu denken", etwas „für sich selbst zu tun", usw... Ihre Verstrickung muß erst einmal entwirrt werden, und das gelingt nur, wenn wir ihnen begreiflich machen, woher der „Undank" ihres Kindes kommt: aus der Ambivalenz des Süchtigen!

„Er sehnt sich danach, daß wir ihm gegen die Drogen helfen, und fordert doch immer nur Hilfe für sein Drogenleben. Wir sind es, die sich entscheiden können und sollen. Wir sind es, die gefordert sind, uns für ihn gegen die Droge zu entscheiden, und dazu provoziert er uns bis ins Letzte. Wenn wir versagen, der Sucht helfen, freut diese sich, unser Kind aber verachtet uns dafür."

Sinnvoll helfen

Frau *M.* hat in ein Wespennest gestochen, denn nun wollen alle ihre Erfahrung einbringen, wollen erzählen, was sie in diesem Sinn versucht, getan und erreicht haben.

„Ganz klar, keine Dienstleistung mehr für das Drogenleben. Ich hab' mir immer vorgestellt, wie meine Tochter denn den steinigen Weg zur Drogenfreiheit finden soll, wenn ich ihr an der Drogenstraße freundliche Blumen pflanze. Die Redensarten vom ‚menschenwürdigen Fixerdasein' und die Vergabe von Methadon – oder wie die entsprechenden Ersatzdrogen, alles ja auch Opiate, heißen – sind eigentlich nur konsequente Fortsetzung solcher falschen Hilfeleistung. Also hab' ich die Blumen an den steinigen Weg gepflanzt. Drogenleute können sich weder ein Leben ohne Drogen, noch den Weg dahin auch nur vorstellen. *Sie haben einfach keinerlei Bilder davon in ihrem Inneren.* Wenn wir vom Elternkreis eine Therapie besucht haben, dann habe ich zu Hause nicht gesagt, das wäre was für Dich, und die haben die und die Konzeption, sondern ich habe erzählt, daß wir da waren, wie es da aussieht, wie die Zimmer eingerichtet sind, der Garten gestaltet, die Leute angezogen waren, ob es Tiere gab, und wenn ja, welche, ob Blumen auf den Tischen standen.

Ich habe von dem Herrn *X* und der Frau *Y* erzählt und nicht von *den* Therapeuten." „Ja, hat Ihre Tochter denn zugehört?", will Frau *B.* wissen. Frau *M.* lacht: „Ich habe das meiste gar nicht ihr, sondern meinem Mann und den anderen Kindern, meiner Mutter, die zu Besuch war, oder dem Freund meiner Tochter, der sie abholte, erzählt, wenn meine Tochter nur in Hörweite war. Ich habe hier gelernt, daß die Ohren unserer Sorgenkinder für indirekte Informationen meist offener sind, als für direkte." Das bestärkt Frau *W.*, deren Sohn seit 8 Monaten in Therapie ist. „Wir haben auch nicht nur eine Therapie besucht und so geschildert. Wir haben zu Hause, wenn er es hören konnte, auch von Leuten erzählt, die in Therapie sind oder Therapie hinter sich haben, und es ging immer darum, das so zu machen, daß das Vorstellungsvermögen unseres Jungen mit konkreten Bildern, Namen von Ansprechpartnern und Adressen gefüttert wurde. Ich habe Prospekte der Therapien mit handschriftlich darauf vermerkten Namen der Personen, die wir dort kennenlernten, mit Telefonnummern und Adressen offen hingelegt. Als er soweit war, in Therapie zu wollen, war er ja noch längst nicht soweit, uns oder irgendwen um Hilfe zu bitten. So brauchte er das auch nicht. Er wußte, an wen er sich wie wenden konnte."

„Meiner sagt mir heute, daß es überhaupt auch in anderen Zusammenhängen sehr wichtig für ihn war, uns zuhören zu können, Informationen von ‚der anderen Seite' zu bekommen, ohne sein Gesicht zu verlieren. Er ist seit fast drei Jahren clean und weiß jetzt erst, wieviel Hilfe dazu ihm auch unser einfaches Reden über das, was wir erlebten und taten, wie wir es erlebten, wie wir es fühlten und erinnerten, mitteilen und nachempfinden konnten, gegeben hat. *Das hat seine Vorstellung davon, wie lebenswert Drogenfreiheit ist,* sehr beeinflußt, wenn nicht sogar erst möglich gemacht", ergänzt Frau *E.* und zeigt etwas ganz Wichtiges damit auf: es ist für unsere Drogenkonsumenten wichtig und hilfreich, wenn wir uns bemühen, unser eigenes Leben wieder mit Freude, mit Erlebnissen, mit all dem zu füllen, trotz unserer Sorgen und gerade wegen unseres Sorgenkindes, was Leben lebenswert macht. Wie sollen sie sonst erkennen, daß es sich lohnt, frei zu werden? Sie leiden vielleicht längst an der Droge, aber wenn wir fast ebenso leiden, an ihnen und mit ihnen, wie sollen sie einen Sinn im Aufhören erkennen? Wer einem Drogen-, einem Suchtkranken helfen will, muß die Alternative seines Drogenlebens, seiner Moment- und Mittelabhängigkeit, seiner Einengung und seines Entwicklungsstillstandes, seiner Depressionen, seiner Fluchttendenzen und seiner Selbstaufgabe sein; und das ihm gegenüber so einfach wie möglich spürbar, hörbar und sichtbar werden lassen!

Vorausgehen in der Veränderung ist viel wirksamer als der Versuch, sie dorthin zu schieben und zu ziehen. Wie im Elternkreis den Eltern, so sollten wir auch dem Abhängigen lieber Vorschläge machen: „ich an Deiner Stelle würde..., Du könntest ja auch..., wie wäre es, wenn..."; noch so gut gemeintes „Du mußt, Du sollst, Du kannst doch nur", sollten wir vermeiden. Es gibt tatsächlich nicht nur den Ausweg, den wir gerade sehen.

Hoffen und nicht am Scheitern verzweifeln

Wenn man so viele Jahre im Drogenproblem mitarbeitet wie die Elternkreise, dann hat man erlebt, daß es ebensoviele Arten gibt – oder eher noch mehr –, wieder frei zu werden, als es Wege gab, in den Drogenkonsum und die Abhängigkeit hineinzugeraten, und es ist immer wieder erstaunlich, was ein junger Mensch mit sich und seinem Körper alles anstellen kann. Es ist kaum zu glauben, wieviel wieder heilt, wieviele schwere Schäden verschwinden, wenn er es geschafft hat, frei zu werden. Den „ganz kaputten Typ", von dem Theoretiker und Politiker so engagiert sprechen, dessen „letzte und einzige Chance" Methadon, Polamidon oder Codein sein sollen, kennen wir nicht. Wir können keine Chance darin sehen, wenn man ihnen „hilft" opiatabhängig zu bleiben. Alle Opiate sind giftig! Morphium wurde entwickelt, um Opiumabhängigkeit zu behandeln, Heroin wurde entwickelt, um Morphinismus zu behandeln, Methadon und das stärkere Polamidon wurden entwickelt, um Heroinsucht zu behandeln... Jedes neu entwickelte Opiat war giftiger und brachte schwerere, gefährlichere Entzüge. Solche „Behandlung" ist nur für den Behandelnden die Erlösung aus seinem sehr quälenden Ohnmächtigkeitsgefühl. Wer einen Abhängigen liebt, weiß, daß die Drogenbeschaffung zwar eine schlimme Begleiterscheinung der Sucht ist, aber die Sucht von legalen Mitteln – es gibt fast 1 Million Medikamentenabhängige und zwei Millionen Alkoholiker in Deutschland – ist, menschlich gesehen, in den Folgen für Seele, Geist und Körper keineswegs harmloser, weil die Mittelbeschaffung einfach ist. Opiate – und ich kenne keinen „reinen" Heroinkonsumenten – verändern die Persönlichkeit eines Menschen, wie aller Drogenmißbrauch, bis in sein eigenes Extrem. Das bleibt so erhalten, auch wenn ihm ein anderes Opiat legal und „ganz offiziell" verabreicht wird. Wenn überhaupt, dann überkommt mich Hoffnungslosigkeit angesichts der wohlmeinenden „Helfer", die den Beifall der Abhängigen zu ihrem Alibi machen für eine sehr vordergründige „Menschlichkeit".

Selbst Aids – und viele Familien werden lernen müssen, damit umzugehen wie mit anderen unheilbaren und tödlichen Krankheiten (z. B. Krebs, Multiple Sklerose) – darf doch den Blick darauf nicht verstellen, daß weder die Lauflänge noch die Laufglätte des Lebens seinen Wert ausmachen, sondern Lebensinhalt und Lebenssinn. Von diesen beiden bleibt der Abhängige aber durch seinen Lust- und Drogenbezug abgeschirmt. Das ist um so unmenschlicher, je kürzer die ihm verbleibende Lebenszeit ist.

Methadon – Polamidon – Codein für Hoffnungslose?

Und wer entscheidet? Wie mißt man „totales Kaputtsein"? Wer maßt sich an, zu unterscheiden, ob die Resistenz des Abhängigen nicht nur gegenüber diesen Therapien, diesen Therapeuten besteht. Unser Beratungs- und Therapieangebot ist so eng und so einseitig, daß es sowieso nur 10-15% anspricht.

Die einzige menschliche Alternative zur Abhängigkeit ist die Freiheit. Wie will man das gegenüber der Ambivalenz des Abhängigen noch glaubhaft vertreten, wenn es auch die Alternative öffentlich „kontrollierter" Abhängigkeit gibt? Kann öffentliche Kontrolle, die den Intimbereich des Menschen einschließen müßte, um wirksam zu sein, menschenwürdig oder auch nur menschengerecht sein?

Es sind zu viele, die zu wenig wissen und wissen wollen, in diesem Bereich tätig und aus anderen als auf den Kranken bezogenen Gründen bereit, zu entscheiden gegen unmeßbares geistiges, seelisches Leben zu Gunsten meßbarer körperlicher und gesellschaftlicher Vorteile.

Ich selbst kenne keinen hoffnungslosen Fall

Ich kenne aber viele, die so genannt wurden und die dann doch durch eine schicksalhafte Begegnung, durch ein außergewöhnliches Erlebnis, durch plötzliche Einsicht, durch Liebe oder durch die Herausforderung Aids, zur Besinnung, zur Sinn- und damit Selbstfindung kamen. Sie sind geistig geheilt mit körperlichem Handikap. Die umgekehrte, die körperliche „Heilung" mit geistigem Handikap ist für mich unvorstellbar. Vielleicht kommt es daher, daß es uns immer schon mehr darum ging, einem Abhängigen nicht nur aufzuzeigen, was ihm fehlt, was er schon kaputt gemacht hat, sondern vielmehr darum, zu entdecken, was er noch hat, was er in sich trägt, was er ausbauen, worauf er stolz sein kann. Selbst die Drogen haben – so betrachtet – nicht nur Negatives gebracht. Unter der Voraussetzung, daß er sie überwindet, hat der Drogenkonsument auch Gewinn durch die Drogen, und das erleichtert ihm das Aufhören sehr. Seine enorm gesteigerte Sensibilität und Feinnervigkeit sind – wenn die gleichzeitig durch Drogenkonsum hervorgerufene Selbstbezogenheit, Handlungsschwäche und depressive Grundhaltung wegfallen – wertvolle, sein drogenfreies Leben bereichernde Eigenschaften.

Lieben und Hoffen gehören nicht nur für Christen zusammen. Wer einen Drogenkranken liebt, kann die

Hoffnung nur zeitweise verlieren, aber darf sie nie aufgeben. Die eben beschriebene Übersensibilisierung des Abhängigen läßt ihn das nämlich spüren, auch wenn es nie ausgesprochen wird. Ist deswegen der familienfremde, von der Familie wegtherapierende, Kontaktsperren zu Angehörigen errichtende, auch nachher möglichst weit von Familie weg ansiedelnde Therapieansatz der deutschen Therapielandschaft so rückfallträchtig, so wenig Lebensmut und Lebensfreude, sondern eher resignative Verzichtsmentalität erzeugend?

Auch dem gegenüber dürfen wir die Hoffnung nicht aufgeben und müssen um so stärker werden, je höher die Zahl derer ist, die die Therapie abbrechen oder nach der Therapie rückfällig werden. Abbruch wie Rückfall sind Zeichen für die nach wie vor akute *Krankheit* und keineswegs Charakter-, Willens- oder Motivationsschwächen. Auf gar keinen Fall sind sie, angesichts der fehlenden Therapievielfalt und der fehlerhaften Menschen unter Therapeuten – wie in Familien –, Grund zur Verzweiflung und Resignation. Außerdem beweisen sogar nüchterne Zahlen, daß jede abgebrochene Therapie, ja sogar jede, noch so kurzfristige Entgiftung, die Prognose – die Aussicht auf Heilung – verbessert.

Und bei Aids?

„Das ist alles schön und gut." Frau *H.* ist sehr blaß, sieht erschreckend traurig aus „aber meine Tochter hat doch gar keine Chance mehr. Sie hat mehrere Therapien, eine der bekanntesten sogar voll und „mit Erfolg" durchlaufen, war im Knast und schließlich in „ambulanter Therapie". Unsere Drogenberatung hat sie in einer Wohngemeinschaft untergebracht, weil wir ‚bösen Eltern' sie mit ihrem aidsinfizierten Freund nicht zu Hause aufnehmen wollten. Sie ist doch erst 17 Jahre, hat sich inzwischen natürlich infiziert, ist untergetaucht und geht jetzt irgendwo in K. auf den Strich. Ihre hilflose Wut auf die, die ihr so falsch halfen, läßt sie nun an möglichst gesunden Freiern aus. Was sollen, was können wir denn noch tun?" Frau *H.* ist vor Kummer zu verkrampft, um wenigstens weinen zu können.

„Haben Sie noch Kontakt zu ihr? Wissen Sie in etwa, wo sie ist? Können Sie ihr eine Nachricht zukommen lassen? Kommt sie noch mal zu Hause vorbei?", fragen wir erst einmal zurück. Es gibt diesen Kontakt, eine Deckadresse. Das Mädchen war in der letzten Zeit sogar einmal heimlich zu Hause; heimlich, weil mal wieder nach ihr gefahndet wurde wegen einer Sache aus der Zeit der „ambulanten Therapie", wo man sich im Beratungsstellenwarteraum traf und gegenseitig „half".

„Schreiben Sie ihr, signalisieren Sie ihr gerade jetzt, daß Sie sie trotz allem, was Sie ablehnen an ihr, lieben; daß Sie immer noch auf Veränderung hoffen, weil Sie wissen, wie Ihre Tochter eigentlich ist, wieviel Gutes, Erhaltenswertes, Lebenswertes sie noch in sich trägt." Frau *H.* schüttelt den Kopf. „Ich kann nicht mehr." – „Wenn Sie wirklich nicht mehr könnten, wenn Sie innerlich nicht doch noch eine ganz kleine Hoffnung hätten, wären Sie doch gar nicht hierhergekommen. Wenn Sie wirklich ganz aufgegeben hätten, dann würden Sie uns nicht mehr fragen." Eine Mutter neben ihr nimmt sie in den Arm. Wir alle sind ein Weilchen still.

Frau *H.* hat ihrer Tochter wieder Briefe geschrieben. Sie hat Kontakt zum Elternkreis gehalten und hat erlebt, daß es nach einigen Monaten doch noch eine Möglichkeit für ihr Kind gab. Ehemals Abhängige aus einer Selbsthilfetherapie boten sich an, sie ausfindig zu machen, ein Gespräch mit ihr zu suchen und ihr eine alternative Therapie vorzuschlagen. Nochmal Therapie? Sie hatte geschworen, keine mehr und auch keinen Knast, keine bürgerliche, keine normale Existenz mehr! Und doch entschied sie anders! Sie suchte sogar ihren Richter auf – gemeinsam mit diesen Leuten –, ordnete alles, kam zu ihren Eltern, die ihr zu helfen bereit waren, brachte Gesundheitstest und Krankschreibung hinter sich und war innerhalb von wenigen Tagen in Therapie. War es deren Selbsthilfe- und Naturheilkonzept, waren es die überzeugend freien und lebensfrohen jungen „Ehemaligen", war es der wieder tragfähige Kontakt zu den Eltern, oder war sie einfach an einem Punkt, der Veränderung brauchte? Warum fragen?

Es wird in jedem einzelnen Fall wieder anders sein, aber es *ist* in jedem Fall noch möglich. Wenn die bisher versuchten Wege nicht hinausführten, so gibt es immer noch andere. Suchen wir sie zu finden, statt den „Unmotivierbaren" in ihrer Sucht Sessel aus Ersatzdrogen zu bauen.

Elternkreise, Selbsthilfe durch Helfen

Wenn *Konrad Lorenz* sagt, „daß ein Mensch, für sich genommen, gar kein Mensch ist, sondern nur als Mitglied einer Gruppe voll Mensch sein kann", dann meint er das sicherlich auf die Entwicklung, auf das Heranwachsen eines jungen Menschen bezogen.

Wir betroffenen Eltern haben es aber auch für uns erfahren, in der Gruppe der gleichbetroffenen Eltern, die uns als Schicksalsgemeinschaft wieder Zugehörigkeit erleben ließ, Zugehörigkeit in einer Zeit tiefster Entfremdung. Das hat uns sehr geholfen. Wenn es auch noch nichts veränderte von dem, *was* wir erleben mußten, so änderte es doch ganz entscheidend, *wie* wir es erlebten.

Sicher, wir hatten noch die gleichen Lebensbedingungen, aber – um mit *Viktor Frankl* zu sprechen – „diese sollten uns nicht mehr haben". „Nicht der Mensch fragt, sondern das Leben fragt den Menschen", lernten wir. „Eben das gibt ihm die Freiheit, jederzeit neu antworten, neu entscheiden zu können." Die Logotherapie *Viktor Frankls* hat uns neue Ansätze, neue Wege gezeigt.

Da geht es nicht mehr um die Ursachen von heute im Gestern, sondern viel dringender um die Ursachen von morgen im Heute! *Das* war der Weg aus unserem Hilflos-Ausgeliefert-Sein, aus dem Mitgefangen-Sein im Teufelskreis der Sucht! Schon bei der ersten Begegnung mit anderen Eltern, die trotz unterschiedlichster Lebensdaten Gleiches erlebt haben, wird Neuen ja direkt spürbar, daß ihr Erleben keineswegs persönlich einmalig und deshalb auch nicht nur durch sie selbst hervorgerufen ist. Da ihnen die Gruppe außerdem grundsätzlich zutraut, trotz aller gemachten Fehler, aller gegenseitigen Verletzungen, stark genug zu lieben, um helfen zu können, kommt schnell ein erlösendes Gefühl von Hoffnung und Zuversicht auf. Ich hörte einmal in einer Morgenandacht den Satz: „Wer anderen mehr zutraut, als die sich selbst, der gibt ihnen Hoffnung."

Es ist die besondere Chance der Laiengruppe Elternkreis, daß sie frei von Fachkonzeptionen und ohne Verstrickung in Psychotheorien nicht den Fall, sondern vor allem die Menschen wahrnimmt und weniger die Hintergründe aufdeckt, als vielmehr ihre jeweiligen besonderen Möglichkeiten gemeinsam mit ihnen entdecken kann.

Wir nehmen im Bonner Elternkreis außerdem eine Grundregel der Logotherapie *Viktor Frankls* besonders ernst: „Wer zwei Menschen mit der gleichen Methode zu helfen versucht, hat bei einem die falsche angewendet. Wir müssen von Mensch zu Mensch individualisieren und von Fall zu Fall improvisieren."

Dieses stellt die Einmaligkeit des Menschen in den Mittelpunkt aller Hilfsansätze und verbietet Rezepte.

Die Suche nach Verstehen, nach Einblick in tiefere Zusammenhänge und Wechselwirkungen, in wissenschaftlich gesicherte Erkenntnisse zu Drogenwirkungen, -auswirkungen und -folgen, führt die Eltern meist von ganz allein dahin, ihr Verhalten, ihre Art zu argumentieren, ihre Erwartungen und ihre Ansprüche an sich selbst, an ihr Drogenkind und an ihre Umwelt, neu auszurichten. Vielleicht ist das Angebot von Lernstoff gerade für die Väter wichtig und bewegt sie, im Elternkreis mitzumachen.

Eltern helfen Eltern

Wenn Eltern im Elternkreis allerdings eine Institution erwarten, „die ihnen etwas bringt", deren Hilfe sie beanspruchen und als Krisen- oder Notfallanlaufstelle nutzen können, werden sie enttäuscht. Nur wer sich gleicherweise fragt: „Was bringe ich den anderen?", wer dazu beiträgt, Hilfegeben und Hilfebekommen auszugleichen, der kann sich in dem Kreis und in der Gemeinschaft der Elternkreise geborgen fühlen.

Wir haben Eltern erlebt, die Jahre brauchten, in denen sie sporadisch bei den Treffen erschienen, phasenweise sogar regelmäßig, die die Angebote des Elternkreises an Schriften und Vorschlägen, an telefonischer Bereitschaft und Veranstaltungen wahrnahmen und doch nicht dazugehörten, weil sie nicht oder noch nicht bereit waren, sich einzubringen. Und eines Tages halfen sie anderen, erlebten sich als Antwortende und dadurch erst als zugehörig.

Immer wieder heißt es, Elternkreise sollten sich ausschließlich um die betroffenen Eltern kümmern und diesen helfen lernen, sich wieder um sich selbst, ihr eigenes Leben, ihre eigene Lebensqualität, ihre eigene Lebensfreude zu bemühen. Unsere drogenkranken Kinder sollten wir den fachlich qualifizierten Helfern überlassen, den Beratern, Therapeuten, Nachsorgeeinrichtungen und Experten aller Art, vom Erstkontakt bis zur Nachsorge.

Bei aller Anerkennung fachlicher Qualifikation und unter der Voraussetzung, daß sie im allgemeinen sogar einherginge mit der entsprechenden menschlichen Voraussetzung; selbst unter der Annahme, daß Therapie und Konzeptionen ausgereift und bestmöglich wären, melde ich Zweifel an, wenn ein so elementares menschliches System wie die Familie therapeutisch einfach auseinanderdividiert und teilweise kaltgestellt wird.

Es war in unserem Lande lange Zeit unmodern, Familie als „Urzelle menschlicher Gemeinschaften", als „Grundlage sozialer Lebensformen" oder auch nur als natürliche Gemeinschaft miteinander verbundener Menschen zu sehen. Wer von Liebe und ihrem Stellenwert im Eltern-Kind-Verhältnis oder gar im Mutter-Kind-Verhältnis sprach, erntete oft eigenartige, ideologische Früchte.

Dabei wird überall in der Welt das intakte Eltern-Kind-Verhältnis und mehr noch ein intaktes Mutter-Kind-Verhältnis als Maßstab für gesunde und gelungene Entwicklung, bei Drogenkranken als Maßstab für ihre Gesundung gewertet. Es ist ein speziell deutsches Problem (vielleicht auch noch in Österreich), wenn eben das bei uns eher als Maßstab für psychische Gefährdung und nicht vollzogene Verselbständigung angesehen wird. Ernstzunehmende Ganzheitssicht, Einfließen auch biologischer und systemischer Kenntnisse und nicht zuletzt schlimme Erfahrung mit bindungslosen, vereinsamten, depressiven jungen Menschen nach „erfolgreich" durchlaufender Therapie lassen langsam die Einsicht wachsen, daß Familie und die Liebe von Eltern für die personale Heilung und Wiedereingliederung in normales Leben wertvoll, wenn nicht gar unabdingbar sind.

Intaktes Eltern-Kind-Verhältnis heißt ja keineswegs, diese festzuhalten und zu binden, sondern ihnen Halt zu geben und Bindungsfähigkeit durch das Erleben tragfähiger Liebe aufzubauen. Es ist richtig, uns Eltern auf uns selbst, auf unsere notwendige Neuorientierung, auf unsere Lösung aus dem Teufelskreis der Sucht, auf unsere Selbstbestimmung und Selbstbesinnung zu verweisen. Unsere Erfahrung zeigt allerdings, daß Eltern dafür ein Ziel, einen tieferen Sinn als ihr eigenes Leben suchen. Deshalb sind sie eher und dauerhafter bereit, an sich zu arbeiten, für sich etwas zu tun, wenn sie begreifen, daß es letztlich ihrem Kind zugute kommt und die Voraussetzungen schafft, ihm zu helfen.

Eltern helfen Eltern, das heißt, Selbsthilfe durch die Hilfe füreinander und heißt auch, durch Selbsthilfe zum Helfer für unser drogenkrankes Kind zu werden.

Elternkreise sehen Vorbeugung anders

Daß wir darüberhinaus für Prophylaxe, Therapie und Nachsorge wichtige Erfahrungen und praxisnahe Erkenntnisse einzubringen haben, ergibt sich auch ganz von selbst.

Vorsorge ist in der betroffenen Familie, die meist ja mehr Kinder – auch jüngere Geschwister des Drogenkonsumenten – hat, ein elementarer Teil familiären Umgangs mit dem Drogenproblem. Für Institutionen ist es ein großes Problem, daß sich der Erfolg von Prävention kaum beweisen, höchstens an gesunkenen statistischen Zahlen ablesen läßt. Doch Zahlen können alles und nichts belegen. Rückläufige Zahlen im Drogenproblem, wie sie von offizieller Seite immer gerne und allen Erfahrungen vor Ort zum Trotz veröffentlicht werden, sind leider eher die Folge verkleinerter Rauschgiftdezernate und/oder Ergebnis mangelhafter Hinterfragung von Todesursachen.

Der Bonner Elternkreis dagegen kann den Erfolg seiner Prävention konkret beweisen: bei Eltern, die zum Elternkreis stießen, ist in all den Jahren *kein* Geschwisterkind dem Drogenkind mehr nachgefolgt!

Der Bonner Elternkreis fühlt sich daher seit 1969 kompetent und verpflichtet, auch präventiv wirksam zu sein, in Schulen, Pfarrgemeinden, Jugendgruppen, Fortbildungsinstitutionen und vor allem in den betroffenen Familien.

„Und was ist anders an Ihrem Präventionskonzept?", fragen uns Lehrer, Schulleiter, Erzieher, die in unsere Sprechstunden kommen. Es gibt wohl kaum eine andere Gruppe in der Drogenarbeit, die so hautnahe und über die Jahre auch umfassende Kenntnisse über die Einstiegsphasen hat. Wir haben erlebt, was auch die wenigen echten, empirisch-wissenschaftlichen Untersuchungen über Einstiegs- und Weitermachmotivationen von Drogenanfängern aussagen: mehr als 87% fangen an, weil sie neugierig sind,* „in" sein wollen, nicht „nein" sagen können, weil sie Drogenkonsum als eine Art Freizeitgestaltung auf dem Abenteuerspielplatz ihres Körpers ansehen. All die psychologischen, analytischen und tiefschürfenden Ursachentheorien gehen daran vorbei, daß es jungen Leuten einfach Spaß macht, etwas Gefährliches, total Irres, ein bißchen Kriminelles und Geheimbündeliges zu machen.

Haschisch ist nicht harmlos

Eine wichtige Voraussetzung dafür ist die nach wie vor „umstrittene" Gefährlichkeit der immerhin bei über 90% aller Drogenabhängigen ersten Droge Haschisch.** Die Geschicklichkeit des internationalen Drogenmarktes, die komplizierten Wirkungsweisen dieser Droge (mit ihren über 400 chemischen Substanzen, davon über 80 psychoaktive) zu nutzen, um zu behaupten, was nicht wissenschaftlich als absolut schädlich bewiesen wäre, sei harmlos, tut in unserer zahlen- und nachweisgläubigen Gesellschaft ein übriges. Der Friedenspreisträger des deutschen Buchhandels 1987, *Hans Jonas,* sagte in seiner Ansprache in Frankfurt, es dürfte nicht mehr so lange gewartet werden, bis die Faktorenanalyse zu wissenschaftlich eindeutigen und unumstrittenen Ergebnissen geführt habe. „Wir müssen bereits mutmaßliche Ursachen dieser Katastrophen ausschalten", und er meinte Umwelt- *und* Innenweltkatastrophen.

* *Berger/Reuband/Widliszek:* „Wege in die Heroinabhängigkeit."
** *Stoßberg/Lösch* „Haschisch-Spätfolgen".

Es hat lange gedauert, bis 1987 auch in Deutschland ein Buch erschien, das die aktuelle Haschischforschung der letzten 10 Jahre und ihre Ergebnisse für Laien verständlich aufzeigt.*

Haschisch ist alles andere als harmlos!

Daß seine Gefährlichkeit schleichend und für den Konsumenten selbst erst sehr spät – wenn überhaupt – spürbar wird, sollte in der Zeit nach Tschernobyl wirklich nicht mehr zu Fehlschlüssen führen. Wir haben doch nur zu eindrücklich erfahren, wie gefährlich etwas sein kann, was man nicht spürt, und was sich auch nicht sichtbar „nachweisen" läßt.

Von unserem Sein und unserem Sinn

In unserer Prävention geht es deshalb erst in zweiter Linie um Sachinformationen über Drogen. Es geht uns vielmehr darum, den Heranwachsenden bewußt zu machen, was es bedeutet, als Mensch, als „Ich" einmalig in der Menschheitsgeschichte zu sein. Erst, wenn der junge Mensch das als Wert begreift, wenn er seine Mitverantwortung, aber auch seine Mitgestaltungsmöglichkeit an dieser seiner ganz besonderen Persönlichkeit erkennt, ist er bereit, sie gegen Einebnung und grobe Manipulation zu verteidigen. So erst findet er den wichtigsten Sinn seines Jungseins, den Ausbau und die Entwicklung seiner einzigartigen Persönlichkeit und entdeckt die Zukunft als seine eigentliche Lebenszeit.

„Ich schicke junge Leute, ob in Schulklassen, Gruppen oder solche, die ich als Anhalter mitnehme, einfach mal

* *Peggy Mann* „Haschisch, Zerstörung einer Legende".

auf eine ‚Reise'", ist mein Vorschlag an einige Drogenlehrer. „Ich bitte sie, die Augen zu schließen und sich an einen Ort, in eine Zeit und eine Situation zu versetzen, an die sie sich gerne erinnern. Ich warte ein wenig, bitte sie, auf Gerüche, Geräusche, Temperatur und Farben zu achten, und rufe sie nach 1-2 Minuten zurück. Dann frage ich sie, was da nun eigentlich geschehen sei. Sie seien doch alle hier gewesen, Fenster und Türen geschlossen. Es wären nur knapp drei Minuten vergangen und strapaziert sähen sie auch nicht aus. Viele von ihnen hatten zum Teil große Entfernungen übersprungen, entsprechende Zeiträume durcheilt und mit allen Sinnen wahrgenommen, während sie gleichzeitig hier und jetzt zugegen waren. Die Jugendlichen haben so ganz unmittelbar und sehr eindrücklich erlebt, daß da etwas im Menschen ist, das sich über Materie, Zeit, Raum und Energie hinwegsetzt, das den Gesetzen unserer Welt nicht unterliegt, das aber unser Menschsein und unsere Einmaligkeit wesentlich mitbestimmt und ausmacht. Es ist immer wieder toll, in wie gute und sinnvolle Gespräche wir nach solchen ‚Reisen' kommen."

Von Bewußtsein zu bewußtem Sein

Hier einige Beispiele zu den dann ansprechbaren Fragen: Was ist Bewußtsein? Jugendliche wissen oft alles über Drogen und deren spezielle, bewußtseinsverändernde Wirkungen, aber was nützt das, wenn sie nicht wissen, was Bewußtsein ist? Was ist Wissen? Nur gespeicherte Informationen, Erlerntes? Welche Rolle die persönliche Einordnung und Zuordnung von Informationen spielt, ihre Erkennung als sinn- und wertvoll, und wie wichtig die Erkenntnis von Zusammenhängen dabei ist, wissen sie selten.

Was ist Verhalten? Welche Anteile haben Ort, Situation, Stimmung, Wissen, Einstellung, Erwartung, anerzogene und erworbene automatische Reaktionen, körperliche Bedingungen, Erfahrungen mit ähnlichem Erleben, Erfahrungen aus Erlebnissen zweiter Hand (TV und Bücher) und vieles mehr an der jeweiligen Entscheidung des Menschen, sich so oder anders zu verhalten?

Erst auf diesen Grundlagen ist dann ansprechbar, wie Manipulation durch Ideologie und Werbung eingreift, wie manipulierbar man als Mensch ist und wie entwürdigend und entmündigend in Wirklichkeit die Opferrollen sind, in die man junge Menschen nur zu gerne schiebt: Opfer der Lebensbedingungen, Opfer der Erziehung, Opfer der Eltern, Opfer der Zeit, der Gesellschaft, der Politik, der Arbeitslosigkeit, der Drogen.

Ich fürchte außerdem, daß unsere jungen Leute so unglaublich leichtsinnig mit sich selbst umgehen – und dagegen so sorgsam mit ihren elektronischen Geräten – weil sie über Computer und elektronische Schaltungen mehr wissen als über die menschliche, diesen allen doch technisch unendlich überlegene Datenverarbeitung ihres eigenen Hirns. Sie leiden unter der Umweltverschmutzung, empfinden ihre Lebensrealität als schal, ihre Zukunft als perspektivlos, und sind sich selbst so entfremdet, auch als Folge der Innenweltverschmutzung, die wir noch nicht gleichermaßen sehen und spüren wie die Umweltverschmutzung. Da ist es ungeheuer wirksam, mit Mut und Enthusiasmus ihrer „no-future-Mentalität" beherzt die Eroberung der geistigen Möglichkeiten des Menschen und die Überwindung der Vordergründigkeit, Konsumbezogenheit, Natur- und Sinnentfremdung gegenüberzustellen.*

* Elternkreise Bonn und Salzburg: „Sinnvolle Prävention", integriertes, fachübergreifendes Programm für 7.-9. Klassen aller Schulformen.

Eltern, Institutionen und Behörden

Elternselbsthilfe heißt keineswegs, daß wir die möglichen und angebotenen Hilfen in allen dafür geeigneten Bereichen der Behörden und der Institutionen nicht annehmen, nicht nutzen sollten. Solche Möglichkeiten sind regional sehr unterschiedlich und müssen vor Ort erkundet werden.

Eines haben wir in unserer Arbeit seit 1969 aber gelernt: wir setzen in diesen Bereichen *nie* mehr Befähigung und ensprechendes Wissen allein durch Amt, Ausbildung oder Zuständigkeit voraus. Deshalb wenden wir uns ganz bewußt, wo immer es geht, an den Menschen im Zuständigen, an die Person. Es ist unsere besondere Chance als betroffene Eltern, daß wir mit unserem konkreten Fall Betroffenheit hervorrufen können, und nur Betroffenheit macht aus Zuständigen wirkliche Helfer.

Es ist vielleicht sogar der tiefere Sinn des weltweiten Drogenproblems, daß es die ganze Zuständigkeits-, Fach- und Wissensaufsplitterung in Institutionen, Wissenschaften und Verwaltungen, vor allem aber in der Medizin und den Heilberufen ad absurdum führt. Der Suchtkranke ist in seinem ganzen Menschsein erkrankt und fordert Hilfe, die diese Ganzheit erkennt, einbezieht und wiedergewinnen hilft. Es ist aber auch eine Erfahrung unserer langjährigen Elternkreisarbeit, daß überall dafür offene Menschen zu finden sind, wenn wir nur den Mut und die Ausdauer haben, nach ihnen zu fragen – oder sie hinter der Amts- und Berufsfassade anzusprechen. Viele von ihnen sind Eltern, sind engagierte Christen oder auch auf der Suche nach mehr Menschlichkeit.

Es gibt außerdem in allen Bereichen immer wieder erstaunliche Ermessensspielräume und Auslegungsmöglichkeiten, wenn es erst einmal gelungen ist, Betroffenheit und menschliche Teilnahme zu wecken. Wir ziehen es deshalb immer vor, persönlich hinzugehen, statt zu telefonieren. Es ist wirksamer, den direkt Zuständigen aufzusuchen, statt mit einem Bekannten im gleichen Amt zu reden. Staatsanwalt, Richter, Jugendgerichts- und Bewährungshelfer kann man – wenn es nicht über eine Terminanfrage gelingt – einfach in ihren normalen Sprechstunden aufsuchen. Ob Pfleger, Schwestern, Krankenhausseelsorger, Schulsekretärin, Lehrer, Direktor, stellvertretender Direktor, Gemeindeschwester,... ich glaube, ich brauche nicht weiter aufzuzählen, wen wir alles direkt ansprechen können. Wenn wir uns nicht vom ersten Unverständnis wieder in unser Schneckenhaus zurückjagen lassen, gibt es überall Menschen, die uns helfen wollen. Und wenn Schmidchen nicht hilft, gehen Sie zu Schmid, aber gehen Sie!

Wir sollten uns auch nicht mehr so leicht verletzen lassen, sollten uns entschieden gegen direkte und indirekte Schuldzuweisungen wehren, denn sie sind unwissenschaftlich und veraltet. Sie beweisen Unkenntnis, aber nicht immer auch Feindseligkeit oder Ablehnung. Wir sollten uns unsere Liebe zu unseren Kindern weder vorwerfen noch absprechen lassen, aber bedenken, wieviel Lebenserfahrung dazu gehört, den Wert von Elternliebe zu erkennen. Darum sollten wir uns auch nicht einfach abschieben lassen, wohl aber bereit sein, eine Zeit der Distanz, die für unser Kind und uns selbst oft sehr sinnvoll sein kann, zu akzeptieren. Aber eines gilt vor allem: wenn es um unser drogenkrankes Kind geht, dürfen wir nie resignieren, vor niemandem und vor nichts. Es gibt Hoffnung, solange unser Kind lebt, und diese unsere Hoffnung hilft ihm zu leben.

In den Elternkreisen ist viel gute und schlechte Erfahrung mit Hilfsangeboten und Helfern ihres jeweiligen Bereichs gesammelt, die man nutzen kann und nutzen sollte.

Die meisten Elternkreise haben direkte Kontakte zu Therapiestätten, zu Drogenberatern, Therapeuten und den jeweiligen Ansprechpartnern in Versicherungen und bei Kostenträgern. Wenn in der Nähe kein Elternkreis ist, sollte man versuchen, zum nächstmöglichen zu fahren.* Bei uns in Bonn hat es sich immer wieder so entwickelt, daß Eltern aus Städten der Umgebung zu uns kamen, dann die Eltern der Freunde ihres Kindes mitbrachten, denen sich wieder andere betroffenen Eltern anschlossen. Man kam eine Zeitlang in Fahrgemeinschaften und schließlich reihum als „Abgeordnete". Bei Treffen in der eigenen Stadt wurde dann das in Bonn Aufgenommene weitergegeben – und so entstand ein neuer, bald eigenständiger Elternkreis.

Ich möchte viel mehr betroffenen Eltern den Mut machen, selbst einen Elternkreis aufzubauen. Es geht bei einer Elternkreisgründung nicht darum, fachlich kompetent zu sein oder Führungsqualitäten zu haben. Elternkreise entstanden und entstehen als Schicksalsgemeinschaften, in denen jeder jedem helfen kann. Wenn man miteinander die Erfahrungen der älteren Elternkreise nutzt, die Hilfe des Bundesverbandes in Anspruch nimmt und die eigenen Erfahrungen offen austauscht, dann wächst – je nach den Stärken und Schwächen derer, die mitmachen – ein Elternkreis und wird hilfreich, sinnvoll und lebendig.

---

* Adressen der Elternkreise sind über den Bundesverband der Elternkreise zu erfragen.

Das Drogenproblem ist auch eine Chance

Ich weiß, das hört sich sehr makaber an. Wer es hautnah erlebt hat, wird wohl seinem schlimmsten Feind nicht wünschen, in seiner Familie von Drogensucht betroffen zu werden. Manchmal, wenn Ignoranz, Facharroganz und Unverständnis zu verletzend, Verurteilung als Verursacher und Versager zu leichtfertig und glückhafte Elternschaft allzu pharisäerhaft auf mich zukamen, habe ich mir vorgestellt, wie es diesen Menschen zumute wäre, wenn es sie selbst träfe, wenn eines ihrer Kinder, ein von ihnen geliebter Mensch abhängig würde. Wäre es wirklich nur leidvoll? Nur eine Strafe?

Das meine ich mit Chance: Unser Leid, wenn es durchgestanden wird, hat uns ja auch weitergebracht, hat uns neben allem Schlimmen stärker, wissender, sinnbezogener werden lassen. Es hat uns menschliche Nähe und Zugehörigkeit erfahren lassen, mehr Geduld und mehr Verständnis für andere entwickeln geholfen.

Es ist auch eine Chance, voneinander zu lernen, füreinander da zu sein, miteinander zu tragen, beieinander Verständnis zu finden, untereinander offen zu reden, anderen und gerade dadurch sich selber helfen zu können.

Ich danke allen, die mich auf diesen Weg brachten, mich begleiteten, und die mir halfen, als sie sich von mir helfen ließen.

Lassen Sie uns diesen Weg miteinander weitergehen.

Weitere Anschriften von Selbsthilfegruppen im Suchtbereich erhalten Sie über die DHS, Westring 2, 4700 Hamm

Der Bundesverband der Elternkreise drogengefährdeter und drogenabhängiger Jugendlicher (BVEK)

- ist der Zusammenschluß von Elternkreisen.
- arbeitet völlig neutral. Er ist weder konfessionell noch parteipolitisch gebunden.
- nimmt alle einzelnen Elternkreise und Landesverbände der Elternkreise als Mitglieder auf, wenn sie die gleichen Ziele verfolgen, die in der Satzung des BVEK festgelegt sind.
- gibt Hilfen bei der Gründung von Elternkreisen, falls erwünscht.
- gibt den Elternkreisen finanzielle Hilfen, z.B. für die Öffentlichkeit vor Ort.
- sendet Informationen über die Arbeit in den Elternkreisen, über Tagungen und Seminare.
- arbeitet mit allen Institutionen der Suchtkrankenhilfe zusammen.
- leistet – genau wie die Elternkreise – ehrenamtliche Arbeit.

Wenn Sie mehr über die Elternkreisarbeit wissen möchten, wenden Sie sich bitte direkt an den nächstgelegenen Elternkreis oder an den

Bundesverband der Elternkreise
drogengefährdeter und
drogenabhängiger Jugendlicher
Geschäftsstelle
Westring 2, Postfach 1369
4700 Hamm 1, Tel.: 02381/25869

Bisher von Else Meyer veröffentlicht:

Eltern im Drogenproblem
Erfahrungen aus der Hilfe durch Selbsthilfe.
Fischer Taschenbuch Nr. 3329, 1983.

Durchblick/Diagnose
Academia Verlag Richarz GmbH, Postfach 1165,
5205 St. Augustin 1.
4700 Hamm 1.

Brief an junge Leute
Hoheneck-Verlag, Postfach 291,
4700 Hamm 1.

Gesprächsführung mit Drogengefährdeten und -abhängigen
Hoheneck-Verlag, Postfach 291,
4700 Hamm.

Haschisch, die unbekannte Droge?
Aktion Jugendschutz, Am Wasserturm,
6780 Pirmasens.

Prävention – Schriftenreihe „Beiträge zum Jugendschutz"
Aktion Jugendschutz, Am Wasserturm,
6780 Pirmasens.

EK Schriftenreihe:

Nr. 1: Können Sie sich vorstellen, wie es wäre, wenn Ihr Kind Drogen nähme?
Nr. 2: Anwendung der Logotherapie in der Elternarbeit.
Nr. 3: JUGEND – SUCHT – SINN.

Anschrift der Autorin: Frau Else Meyer, Hohestraße 99, 5300 Bonn-Tannenbusch

Literatur

Für Eltern:
Elisabeth Lukas: Von der Tiefen- zur Höhenpsychologie. Herder-Verlag, Freiburg.

Neil Postmann: Wir amüsieren uns zu Tode. Fischer-Verlag, Frankfurt, 1985.

Für Eltern und Jugendliche:
Peggy Mann: Haschisch – Zerstörung einer Legende. Fischer-Verlag, Frankfurt, 1986.

Konrad Lorenz: Die acht Todsünden der zivilisierten Menschheit. Piper-Verlag, München.

Bücher für „die Zeit danach":
Michael Ende: Die unendliche Geschichte. Thienemann-Verlag, Stuttgart, 1979.

Antoine de Saint-Exuperiè: Der kleine Prinz. Rauch-Verlag, Düsseldorf, 1981.

Bemmann: Stein und Flöte, und das ist doch nicht alles. Ed. Weitbrecht, Stuttgart; Thienemann-Verlag, Stuttgart, 1983.